Pili

Pili ist ein winziges Bakterium. Es begleitet die Freunde auf ihrer Reise. Zwei Dinge kann es ganz besonders gut: schlafen und pupsen.

Nea

Nea ist eine Tastzelle im linken kleinen Finger. Sie ist neugierig und weiß eine ganze Menge über den Körper. Streit kann sie nicht leiden. Und allzu gefährliche Abenteuer eigentlich auch nicht.

Mio

Mio ist eine Muskelzelle. Mutig, etwas chaotisch und immer gut gelaunt. Sein Motto: Einfach mal machen, wird schon klappen! Meistens klappt es auch. Aber leider nicht immer.

AF703606

Dendritus

Dendritus ist eine große, gemeine Killerzelle. Mit seinen beiden Helferzellen streift er durch den Körper und verbreitet Angst und Schrecken.

Finde mich

Diese kleine Zelle hat sich an einer Stelle in der Geschichte versteckt. Findest du sie?

Dr. Johanna Klement

Rebellenzellen

Eine wilde Reise durch den Körper

Autorin: Dr. Johanna Klement kennt sich als Ärztin und Forscherin gut im Körper aus. Aber genauso gerne forscht sie nach spannenden Themen für Kinderbücher. Sie lebt mit ihrer Familie in Lübeck und liebt das Meer. Ihre Körperzellen liebt sie auch – aber nur, wenn sie nicht allzu rebellisch sind!

Illustratorin: Stephanie Marian findet ihre Inspiration in allem, was schön ist | Design-Studium mit dem Schwerpunkt Illustration an der MSD – Münster School of Design | Freischaffende Illustratorin mit mehreren Auszeichnungen | Tierflüsterin | Wortwitz und Humor | Herzlich lachen. Gerne auch laut | Leidenschaft für verspielte Details | Ordnungsmensch und Tee-Liebhaberin

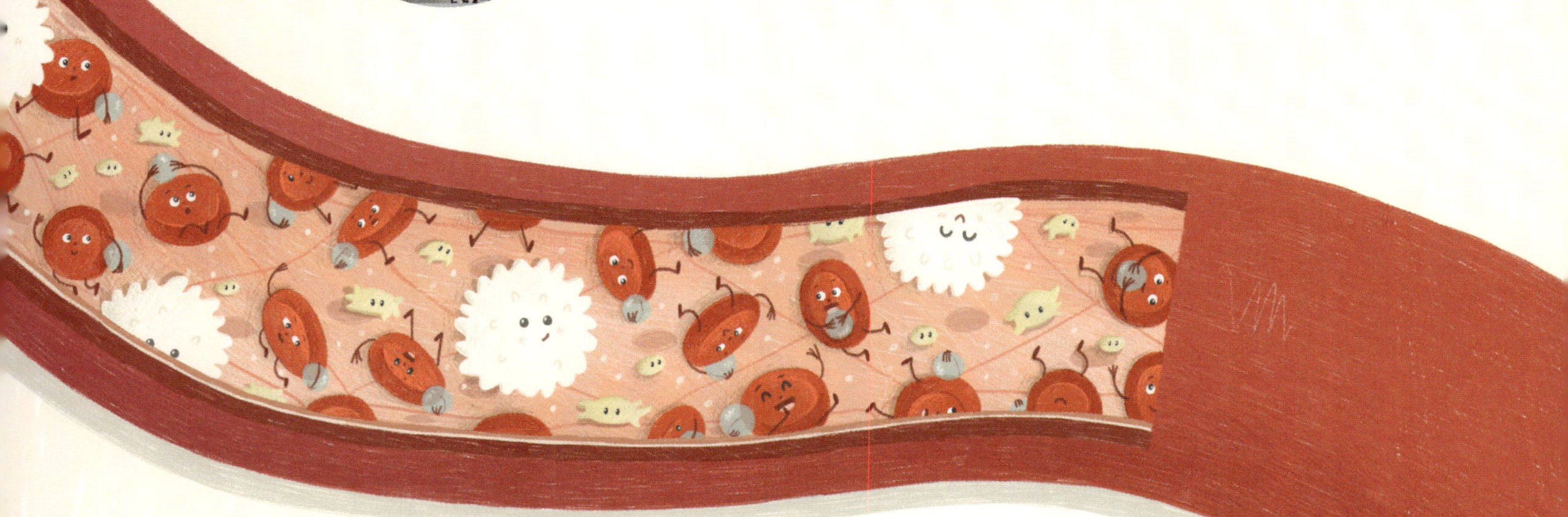

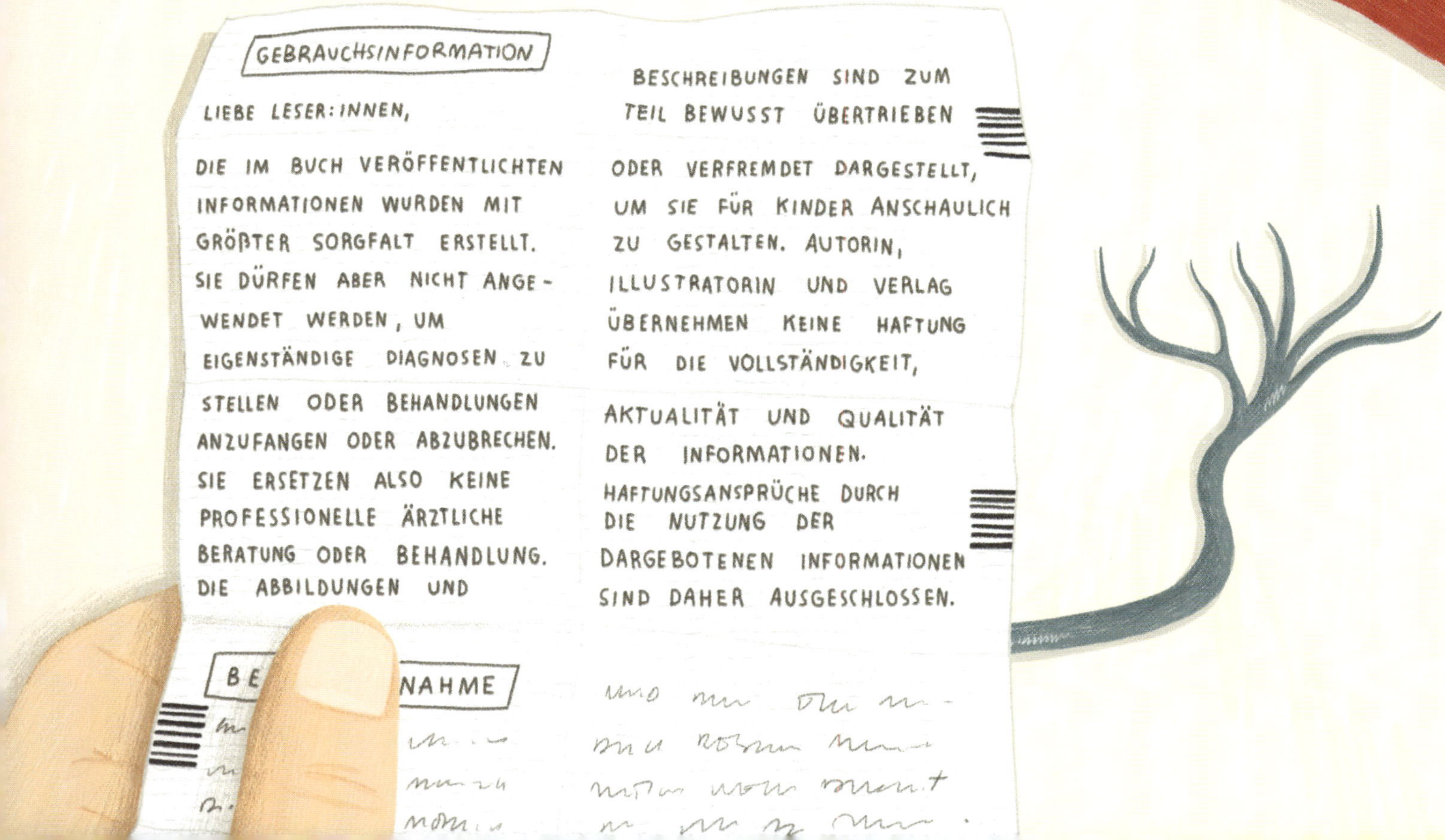

Inhalt

Der Dornenangriff

Die kleine Tastzelle Nea seufzt. Wie kann das Leben nur so furchtbar langweilig sein? Dabei ist doch der ganze Körper voller Abenteuer! Es gibt unendlich viele spannende und gefährliche Orte, die nur darauf warten, entdeckt zu werden. Aber nicht von ihr. Denn sie steckt hier fest. Im linken kleinen Finger von Jojo, in dessen Körper sie lebt.

„Eine Tastzelle bleibt an ihrem Platz. So ist das eben“, murmelt Nea und schließt die Augen.

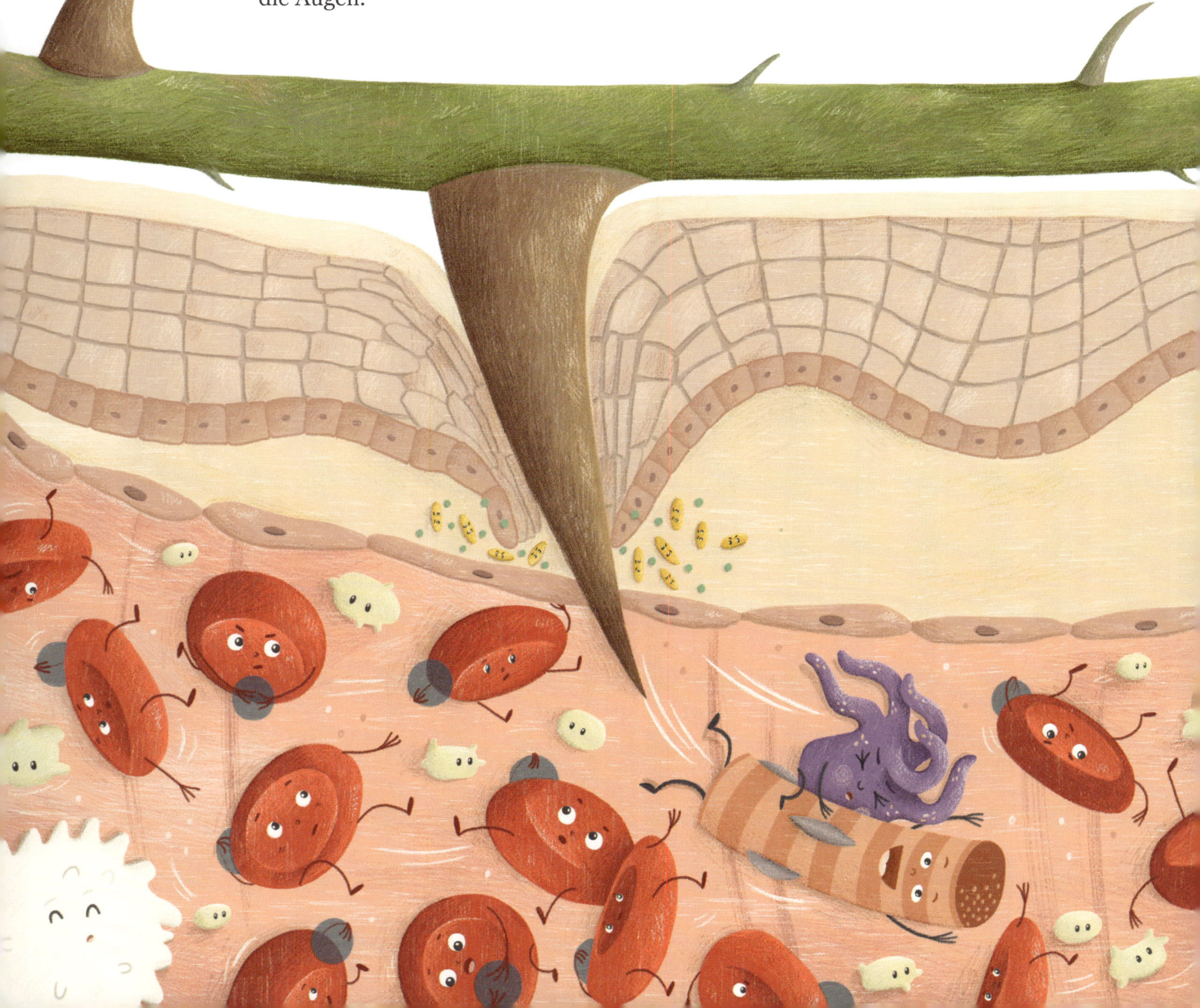

„Achtung! Spitz! Aua!“ Vom Gebrüll ihrer Nachbarzellen schreckt sie hoch und sieht nur noch einen riesigen Dorn auf sich zurasen. Nea wird weggeschleudert und versucht verzweifelt, sich an irgendetwas festzuhalten. Sie ergreift die Hände einer Muskelzelle, die ihr die Arme entgegenstreckt. Aber die Wucht ist zu groß und sie reißt die Muskelzelle mit sich. Eng umschlungen sausen die beiden auf ein riesiges rotes Loch zu: den Eingang in die Blutbahn. Jojo hat sich so tief an Brombeerdornen gestochen, dass er ein Blutgefäß verletzt hat. Und in dieses Gefäß trudeln die beiden Zellen hinein.

„Aaah!“, schreit Nea entsetzt, als sie mit dem Blutstrom in der Ader mitgerissen werden. Millionen roter und weißer Blutkörperchen sausen an ihnen vorbei.

„Achterbaaahn!“, brüllt die Muskelzelle neben ihr mit wildem Lachen. Was für eine verrückte Zelle hat sie da bloß mitgerissen, die im Moment höchster Lebensgefahr offenbar großen Spaß hat?

Mit einem lauten RUMS wird Nea aus ihren Gedanken geholt. Die beiden sind gegen eine Gefäßgabelung geprallt, an der manche Blutkörperchen nach rechts, andere nach links an ihnen vorbeischießen. Die Muskelzelle in Neas Armen strahlt und will sich gerade wieder mit den Füßen abstoßen, als die beiden von hinten gepackt und aus dem Blutstrom gezogen werden.

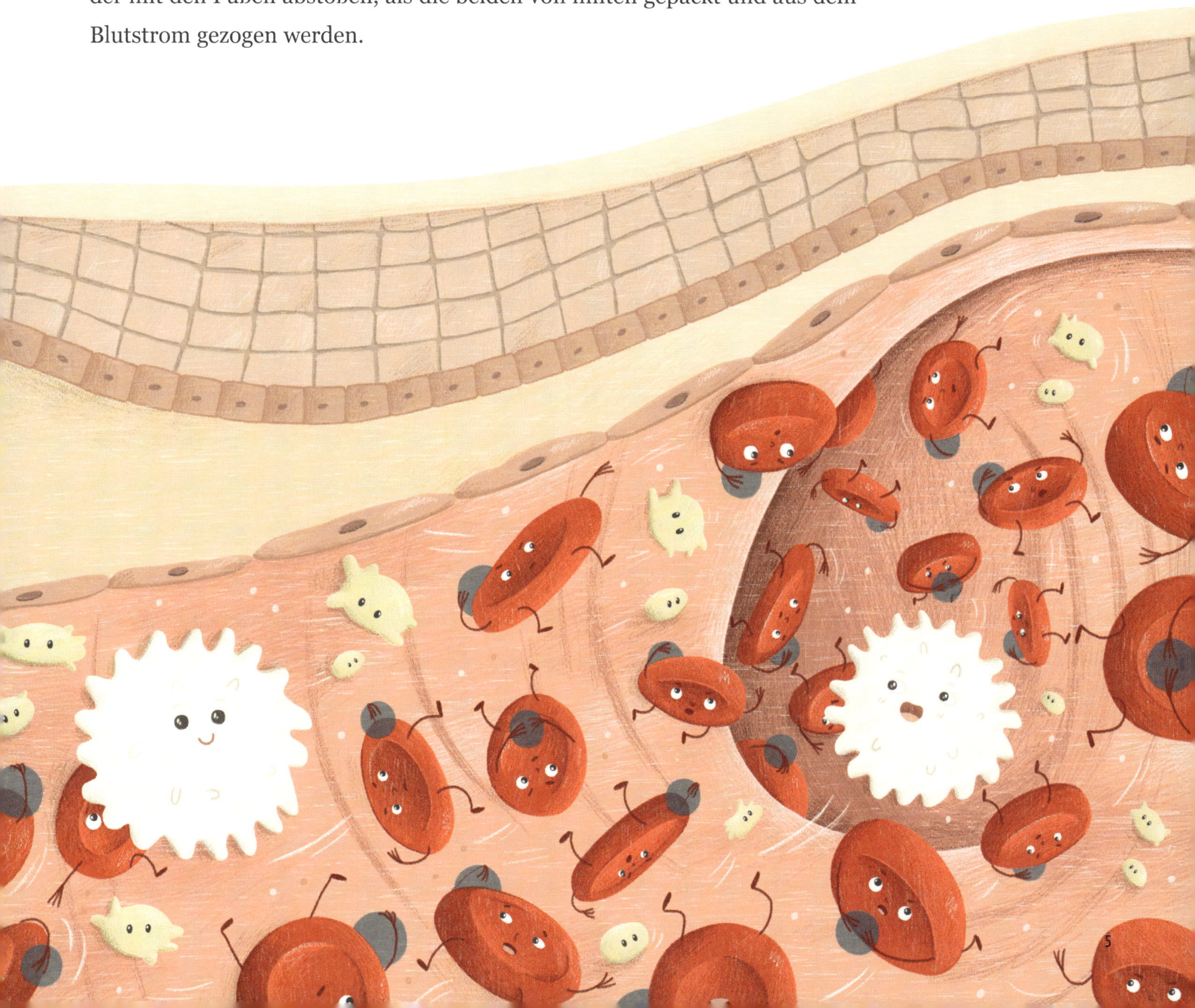

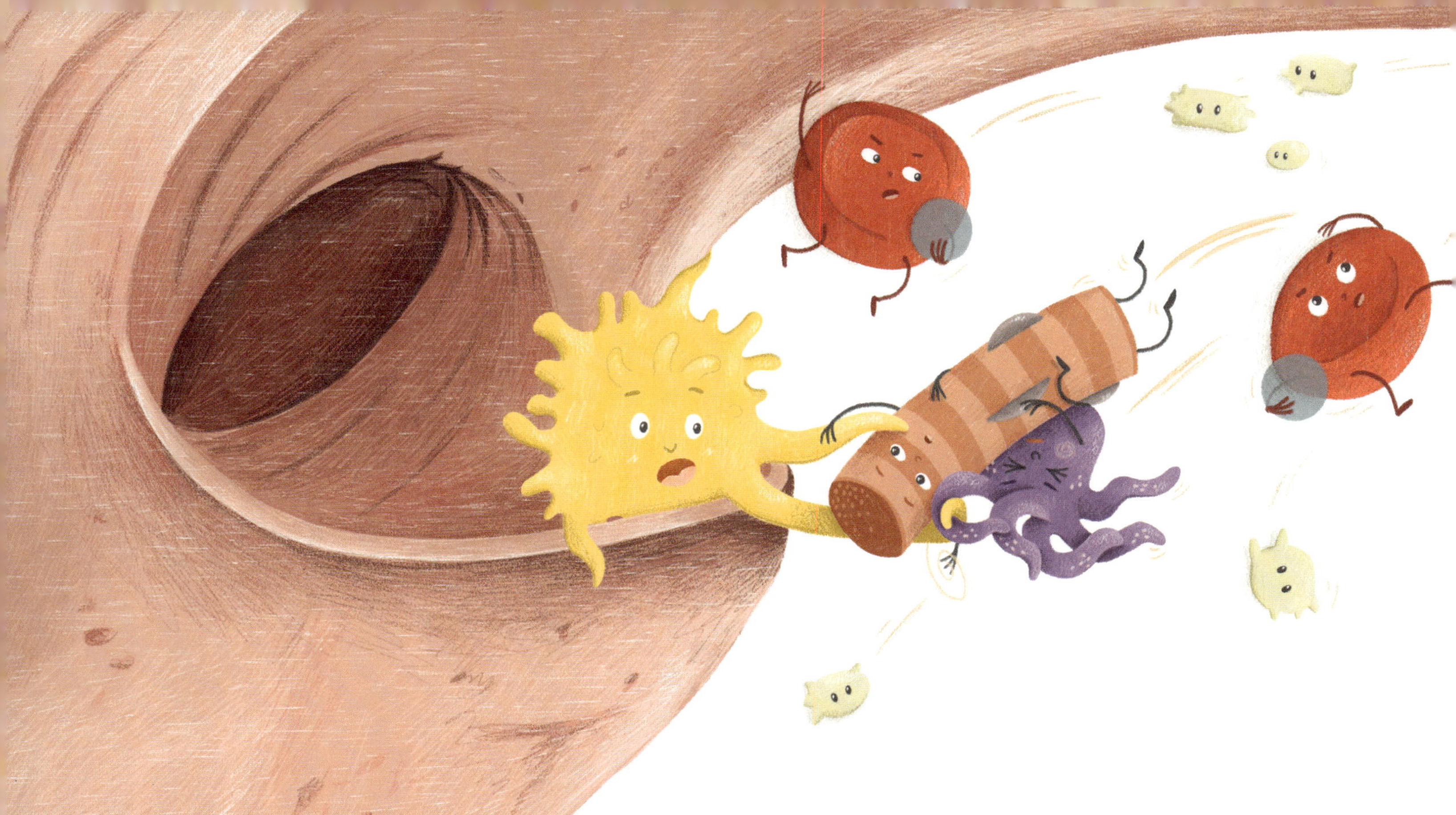

Nea schreit auf.

„Keine Angst, hier seid ihr sicher“, flüstert eine Fresszelle und setzt die beiden vorsichtig ab. Sie befinden sich in einer Ausstülpung des Blutgefäßes, die wie eine kleine Höhle aussieht.

„Äh, kannst du mich jetzt mal loslassen?“, fragt die Muskelzelle, die immer noch von Nea umklammert wird.

„Oh, ja, ´tschuldigung“, stammelt Nea und löst ihre verkrampften Ärmchen.

Die Muskelzelle strahlt. „Zeit, sich vorzustellen! Ich bin Mio, eine Muskelzelle, aber das seht ihr ja. Mannomann, wie irre! Da träumt man jahrelang davon, etwas zu erleben und dann so was! Das ist so unglaublich cool! Aber wer seid ihr eigentlich?“

„Ich bin Nea, eine Tastzelle, und wohne im linken kleinen Finger. Na ja, *wohnte* muss ich wohl eher sagen.“ Nea macht ein verwirrtes Gesicht. „Ich hab mir zwar immer gewünscht, andere Teile des Körpers zu sehen, aber so Hals über Kopf hab ich mir das nicht vorgestellt. Tut mir übrigens leid, dass ich dich mitgerissen habe, Mio.“

Die Muskelzelle schaut Nea fröhlich an. „Das muss dir doch nicht leidtun, das war das Tollste, was mir passieren konnte! Anders wäre ich da doch nie weggekommen. Muskelzellen klammern sich so fest aneinander, da hätte ich gar keine Chance gehabt abzuhauen ohne deinen Riesenruck.“ Er wendet sich an die Fresszelle: „Wo wir gerade vom Riesenruck sprechen – du kannst ebenfalls ganz schön zupacken. Bist du auch eine Muskelzelle?“

Was genau eine Fresszelle macht, erfährst du auf S. 14 und S. 52.

Nea grinst: „Mensch Mio, das ist doch eindeutig eine Fresszelle.“

„Eine Fresszelle? So richtig mit … auffressen?“ Mio wird blass.

„Keine Angst, euch fress ich nicht“, antwortet die Fresszelle. „Ihr gehört doch zu Jojos Körper. Zu den Guten sozusagen. Ich fresse nur Zellschrott und … ähm … Krankheitserreger. Ich bin übrigens Fago. Und hätte ich euch loswerden wollen, hätte ich euch wohl kaum gerettet, oder?“

Mio schaut Fago empört an. „Wieso *gerettet*? Ich hatte gerade den Spaß meines Lebens, als du nach uns gegrapscht hast!“

„Also ich bin froh, dass du uns rausgezogen hast“, beschwichtigt Nea. „Ich hätte das keine Sekunde länger ausgehalten.“

Mio sieht die beiden abfällig an. „Pah! Ich brauche keinen Retter! Ich spring da jetzt wieder rein.“ Mit diesen Worten dreht Mio sich um und marschiert zum Höhlenausgang.

Was ist eigentlich eine Zelle?

Stell dir vor, du würdest ein riesiges Hochhaus aus Legosteinen bauen. Dafür bräuchtest du unglaublich viele Bausteine und am Ende würde jeder einzelne winzig aussehen. So ähnlich ist das mit deinem Körper. Eine Zelle ist der kleinste Baustein deines Körpers. Sie ist winziger als ein Salzkorn und nur unter einem starken Mikroskop erkennbar. Mehr als 100 Zellen würden in solch ein Salzkorn passen.

Jede Zelle braucht Wasser, Nährstoffe und Sauerstoff zum Überleben. Deine Zellen sehen ganz unterschiedlich aus und haben verschiedene Aufgaben, z. B. als Haarzellen, Muskelzellen oder Knochenzellen. Wenn viele Zellen für den gleichen Zweck zusammenarbeiten, nennt man das ein Organ. Dein Herz ist beispielsweise ein Organ, das dein Blut durch den Körper pumpt.

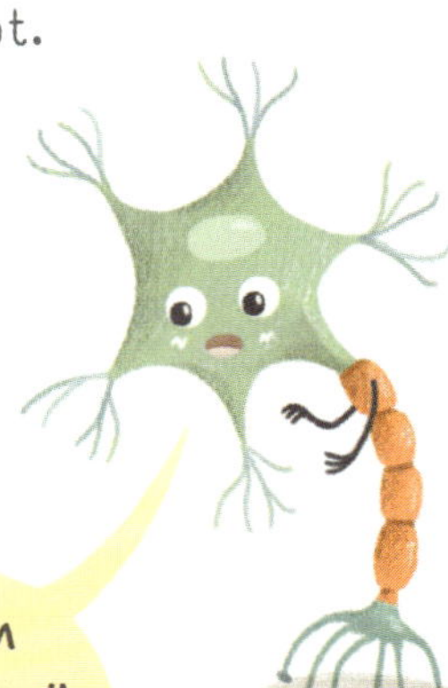

Das Wort Zelle stammt vom Lateinischen "cellula" ab und es bedeutet "kleiner Raum". Deshalb sagt man auch „Gefängniszelle".

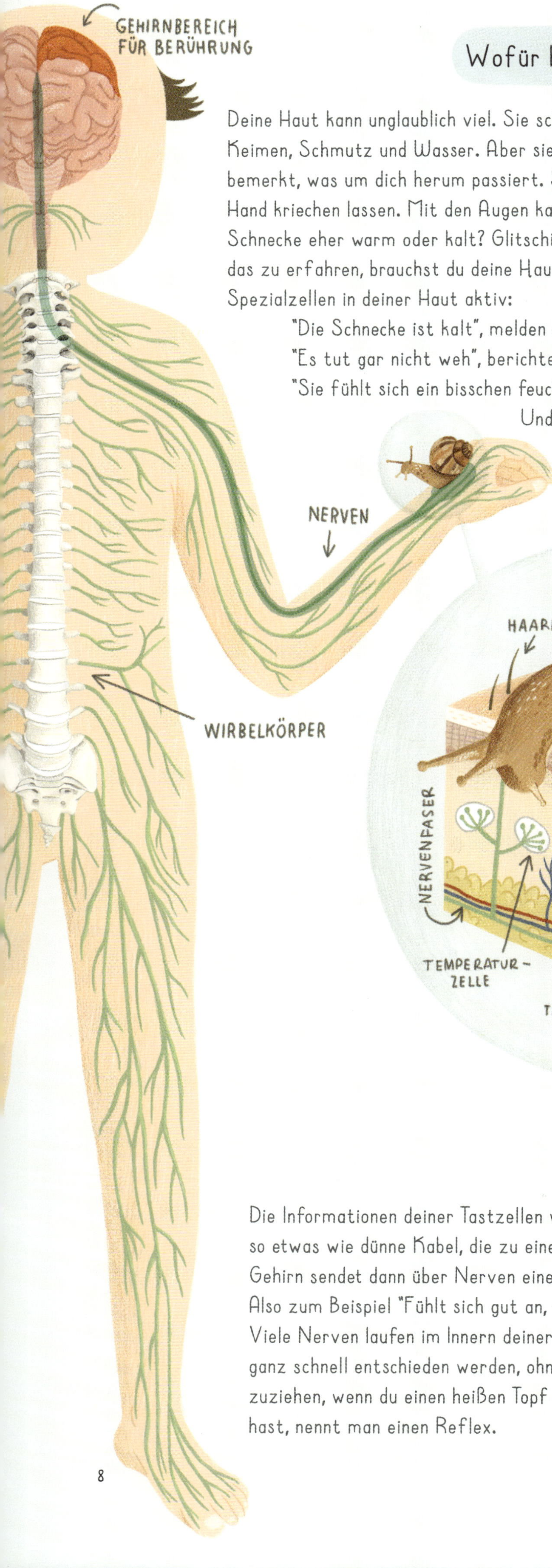

Wofür brauchst du deine Haut?

Deine Haut kann unglaublich viel. Sie schützt deinen Körper vor Hitze und Kälte, vor Kratzern, Keimen, Schmutz und Wasser. Aber sie ist auch ein wichtiges Sinnesorgan. Das bedeutet, sie bemerkt, was um dich herum passiert. Stell dir vor, du möchtest eine Schnecke über deine Hand kriechen lassen. Mit den Augen kannst du nicht erkennen, wie sich das anfühlt. Ist die Schnecke eher warm oder kalt? Glitschig oder trocken? Kitzelt es oder tut es sogar weh? Um das zu erfahren, brauchst du deine Haut. Sobald die Schnecke über deine Hand kriecht, werden Spezialzellen in deiner Haut aktiv:

"Die Schnecke ist kalt", melden deine Temperaturzellen an dein Gehirn.

"Es tut gar nicht weh", berichten die Schmerzzellen.

"Sie fühlt sich ein bisschen feucht und rau an", merken deine Tastzellen.

Und so eine Tastzelle ist Nea. Sie kann Berührungen spüren.

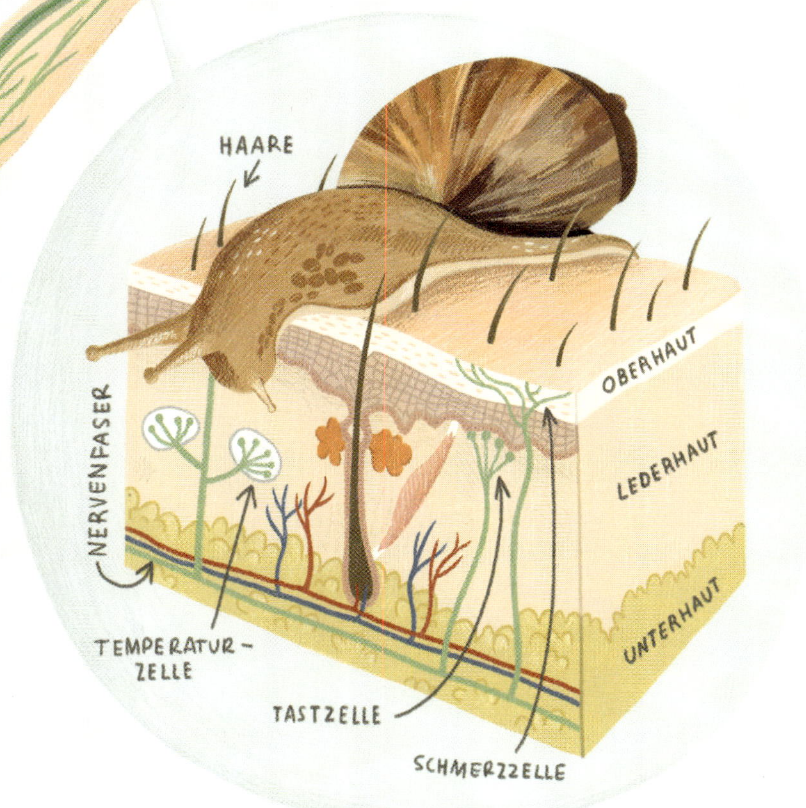

Angefasst – und was passiert dann?

Die Informationen deiner Tastzellen werden über deine Nerven weitergeleitet. Nerven sind so etwas wie dünne Kabel, die zu einem Super-Computer führen: deinem Gehirn. Und das Gehirn sendet dann über Nerven eine Botschaft zu deinen Muskeln, was getan werden soll. Also zum Beispiel "Fühlt sich gut an, weitermachen!" oder "Das ist unangenehm, aufhören!" Viele Nerven laufen im Innern deiner Wirbelsäule, dem Rückenmark. Manchmal muss etwas ganz schnell entschieden werden, ohne dein Gehirn zu fragen. Zum Beispiel, deine Hand wegzuziehen, wenn du einen heißen Topf berührst. Diese Bewegung, über die du keine Kontrolle hast, nennt man einen Reflex.

Wie kann man mit Tastzellen lesen?

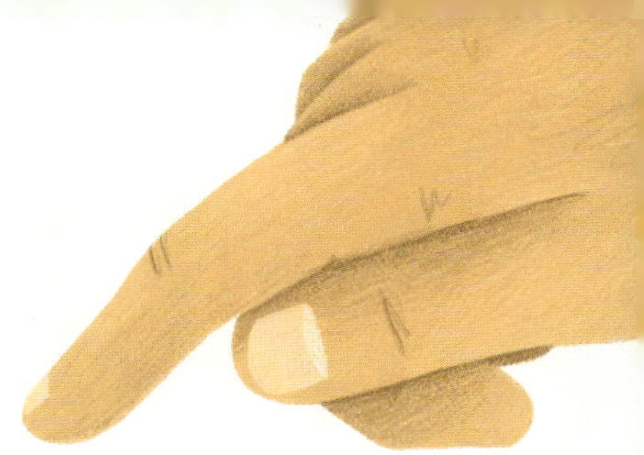

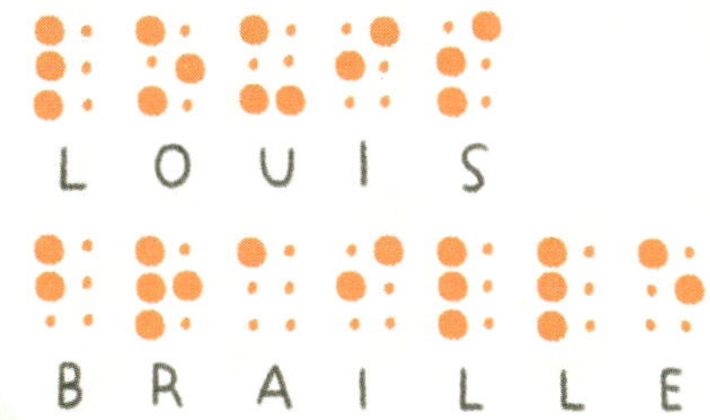

Blinde Menschen können mit ihren Fingerspitzen lesen. Sie ertasten dabei eine Blindenschrift aus gewölbten Punkten, die sogenannte Braille-Schrift. Der blinde Franzose Louis Braille hat sie vor rund 200 Jahren erfunden. Sechs Punkte bilden dabei einen Buchstaben und jeder Buchstabe besitzt eine bestimmte Anordnung dieser Punkte. Ihr habt bestimmt Medikamente zu Hause. Auf den Verpackungen kannst du ausprobieren, wie sich diese Schrift anfühlt. Ist dir schon mal aufgefallen, dass der Rand von Geldmünzen unterschiedlich geriffelt ist? So können blinde Menschen die Münzen auseinanderhalten. Probier es doch mal aus!

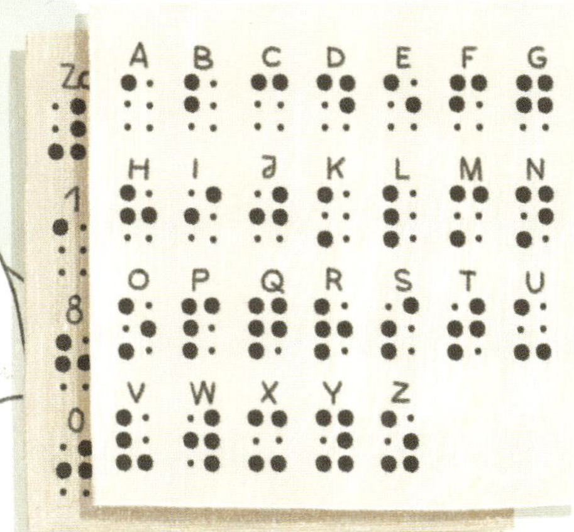

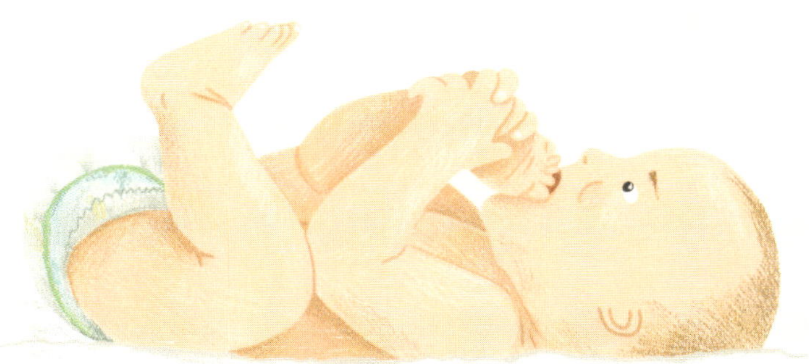

Wo haben wir Tastzellen?

Fast überall auf der Haut hast du Tastzellen. Die meisten sitzen in den Fingern. Mit ihnen kannst du deine Umwelt am besten ertasten. Aber auch in den Lippen und in der Zunge hast du viele von ihnen. Daher nehmen kleine Kinder gerne Dinge in den Mund, um sie zu erkunden.

Du steckst alle 30 Tage in einer neuen Haut!

Deine Haut erneuert sich einmal im Monat. Dabei wachsen aus der Tiefe neue Hautzellen nach und alte werden abgeworfen. Unser Hausstaub besteht zum großen Teil aus alten Hautzellen.

LUST AUF EIN FÜHLEXPERIMENT?

Lass dir mit geschlossenen Augen drei unterschiedliche Dinge in die Hand geben. Kannst du sie alle ertasten? Und kannst du auch deine Kuscheltiere blind auseinanderhalten? Mach den großen Kuscheltier-Tast-Test!

Fagos Geheimnis

Mio streckt den Kopf aus der Höhle. Im gleichen Moment streift ihn ein vorbeirasendes Blutkörperchen.

„Aua!“ Mio verliert das Gleichgewicht und stürzt über den Höhlenrand.

In letzter Sekunde gelingt es Fago, Mios Fuß zu packen und ihn in die Höhle zurückzuziehen.

„Na, doch nicht so harmlos da draußen, was?“, knurrt Fago.

„Na gut“, murmelt Mio und betastet die Beule an seinem Kopf. „Da muss ich mich wohl bei dir bedanken ... zum zweiten Mal.“

Fago grinst. „Gern geschehen. Aber nun erzählt doch erst mal, wie ihr hergekommen seid.“

Nea und Mio berichten von ihrer turbulenten Schleuderfahrt.

„Und am Ende hast du uns rausgefischt, deshalb sind wir hier“, grinst Mio. „Aber jetzt erzähl du mal, das muss doch irre spannend sein, nicht die ganze Zeit nur an einem Ort festzustecken! Als Fresszelle kannst du doch überall hin. Wie sieht es denn zum Beispiel in der Nase aus? Ist es da glitschig?“

Die beiden Zellen sehen Fago gespannt an.

„Ja, also … ähm …“ Fago schaut verlegen nach unten. „Keine Ahnung.“

„Muss ja nicht die Nase sein“, wirft Nea ein. „Erzähl doch mal von den tollsten Orten, an denen du warst!“

„Diese Höhle im Ellenbogen ist mein Lieblingsplatz“, entgegnet Fago. „Und im Daumen ist es auch nicht schlecht, da gibt es auch eine gemütliche kleine Höhle.“

„Aber wie ist es denn außerhalb des Arms?“, drängelt Mio.

„Keine Ahnung … Da war ich noch nie“, murmelt Fago verlegen.

Nea und Mio starren ihn fassungslos an.

„Aber warum denn nicht?“, ruft Mio erstaunt. „Das ist doch irre spannend! Und ist das nicht deine Aufgabe, dass du im Körper rumwanderst und Schrott und böse Krankheitserreger frisst?“

„Nun hackt ihr nicht auch noch auf mir rum! Es reicht schon, wenn die anderen Fresszellen das machen.“ Fago schluchzt leise.

Tröstend nimmt Nea ihn in den Arm. „Hey, ist doch nicht schlimm. Du wirst schon einen Grund haben, warum du dich nur hier aufhältst.“

„Na, das muss aber ein verdammt guter Grund sein!“, platzt Mio heraus.

Was sind eigentlich Gefühle?

Unsere Gefühle helfen uns einzuschätzen, was um uns herum passiert. Du empfindest vielleicht Freude, wenn der Hund deiner Nachbarn schwanzwedelnd auf dich zugelaufen kommt. Beim zähnefletschenden Hund eines Unbekannten spürst du eher Angst. Dein Gefühl hilft dir, eine Entscheidung zu treffen. In diesem Fall: streicheln oder Abstand halten. Gefühle sind also wichtig und richtig.

→ LUST AUF EIN RATESPIEL? ←

Wut, Überraschung, Liebe, Trauer, Freude, Enttäuschung, Ekel, Stolz – es gibt so viele unterschiedliche Gefühle! Lust auf ein Ratespiel? Setzt euch gegenüber und denkt an ein Gefühl. Dann zählt bis drei und macht einen entsprechenden Gesichtsausdruck. Könnt ihr gegenseitig erkennen, welches Gefühl der oder die andere zeigt?

Wofür brauchst du Muskeln?

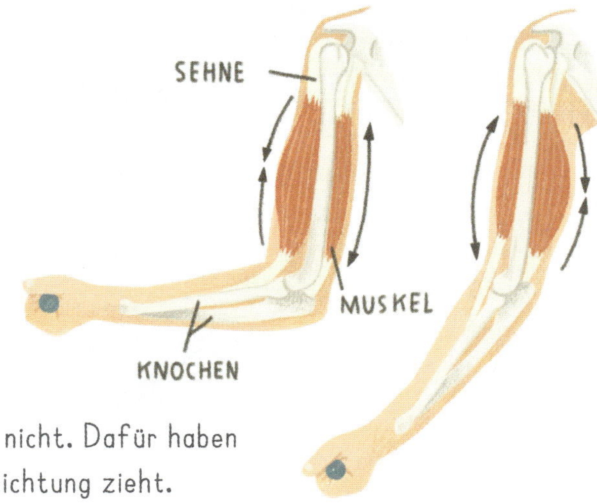

Du hast über 200 Knochen in deinem Körper. Sie sind über Gelenke miteinander verbunden, die von deinen Muskeln bewegt werden. Die Muskeln sind mit Haltebändern, den Sehnen, mit den Knochen verbunden. Viele Muskelzellen (so wie Mio) bilden zusammen einen Muskel, der an dieser Sehne zieht. So ähnlich, als wenn ganz viele Menschen an einem Seil einen Lastwagen ziehen. Drücken können Muskeln nicht. Dafür haben die meisten von ihnen einen Gegenspieler, der in die andere Richtung zieht.

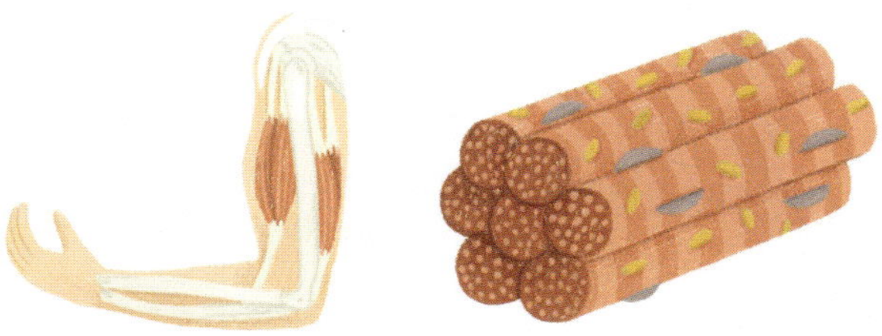

QUERGESTREIFTE MUSKULATUR

GLATTE MUSKULATUR

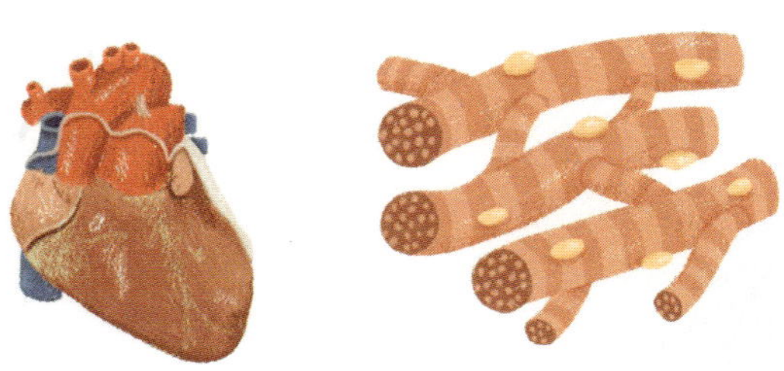

HERZMUSKULATUR

Welche Arten von Muskeln gibt es?

In deinem Körper befinden sich über 600 Muskeln. Die Skelettmuskeln kannst du direkt steuern, z. B. die Muskeln an Armen und Beinen. Die sogenannten glatten Muskeln steuerst du nicht direkt, sie machen ihre Arbeit alleine. Dazu gehören z. B. deine Muskeln im Darm, die das Essen weiterschieben. Und dann gibt es noch einen ganz besonderen Muskel: dein Herz. Es zieht sich dein Leben lang regelmäßig zusammen, um das Blut durch deinen Körper zu pumpen.

Hattest du schon einmal Muskelkater?

Du bist drei Stunden auf dem Trampolin gehüpft und kommst am nächsten Tag kaum noch die Treppe hoch? Vermutlich hast du einen Muskelkater bekommen. Das passiert, wenn du deine Muskeln überanstrengst. Man nimmt an, dass winzig kleine Risse deiner Muskelfasern die Schmerzen verursachen. Schlimm ist es nicht: Schonung, eine sanfte Massage und Wärme reichen häufig aus, damit der Schmerz bald verschwindet.

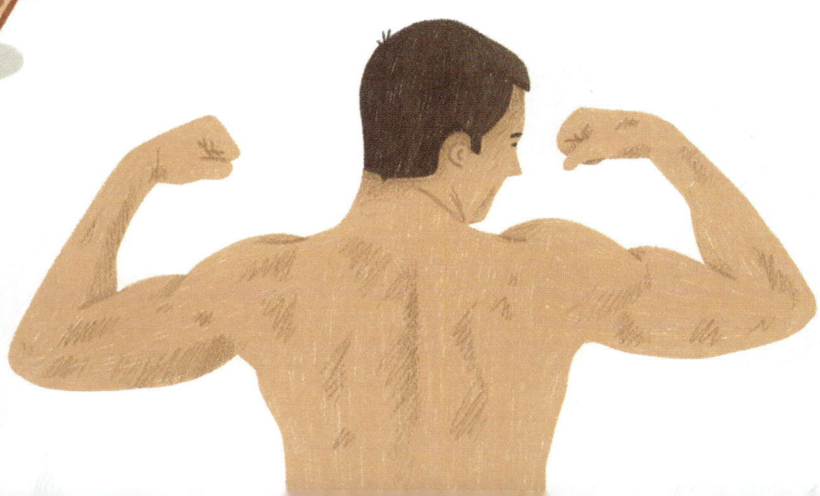

Ganz schön stark

Wie stark man ist, hängt nicht von der Anzahl der Muskeln ab, sondern wie gut sie trainiert sind. Eine Profi-Sportlerin oder ein Profi-Sportler hat genauso viele Muskeln wie du – nur sind sie durch das viele Training dicker, sodass man sie unter der Haut gut sehen kann.

Fago wischt sich eine Träne weg und seufzt. „Okay, ich sag's euch: Ich mag keine Krankheitserreger fressen. Ich liebe Zellschrott über alles, aber Viren und Bakterien bring ich einfach nicht runter. Die anderen Fresszellen lachen deshalb über mich. Daher verkrieche ich mich auch am allerliebsten in einer Höhle. Im linken Arm kenne ich mich prima aus. Da hab ich jede Ritze, jede Höhle schon mal von innen gesehen. Ich bin ein Meister im Verstecken!" Fago strahlt. Verstecken ist offenbar seine große Leidenschaft.

„Krass!", staunt Mio. „Du bist so was wie eine vegetarische Fresszelle."

Nea schaut Fago nachdenklich an. „Weißt du, ich hab mich auch immer anders gefühlt als die anderen Tastzellen. Die konnten überhaupt nicht verstehen, warum ich so neugierig auf den Rest des Körpers bin."

„Hmm, jetzt wo ihr's sagt ...", überlegt Mio. „Ich kann einfach nicht still sitzen. Das hat meine Nachbarn ganz schön genervt, weil wir uns im Muskel ja alle gleichzeitig zusammenziehen und entspannen müssen, damit der Finger sich richtig bewegt. *Nervige Zappelzelle* haben sie mich genannt."

„Na prima, der Club der Außenseiter-Zellen", grinst Fago. „Aber wisst ihr was? Ich hab das erste Mal im Leben das Gefühl, dass mich jemand versteht – und das tut richtig gut!"

Ein toller Lieferservice

Unser Blut ist wie ein Lieferservice und eine Müllabfuhr in einem. Es transportiert Sauerstoff und Nährstoffe zu allen Zellen unseres Körpers, damit sie genug Energie haben, um ihre Arbeit zu machen. Gleichzeitig nimmt unser Blut die Abfallstoffe wieder mit und entsorgt sie.

Woraus besteht Blut?

Etwa die Hälfte unseres Blutes besteht aus einer Transportflüssigkeit, dem Blutplasma. In diesem Wasser schwimmen die Blutkörperchen und Blutplättchen, aber auch Nährstoffe, Vitamine und Botenstoffe.

Die roten Blutkörperchen sind so etwas wie Taxis für den Sauerstoff, den wir aus der Luft einatmen. Sie laden ihn in der Lunge auf und bringen ihn an jeden Ort unseres Körpers. Die Zellen verbrauchen den Sauerstoff bei ihrer Arbeit. Übrig bleibt ein Rest, der für unseren Körper giftig ist. Er heißt Kohlenstoffdioxid. Diesen verbrauchten Sauerstoff bringen die roten Blutkörperchen zurück zur Lunge, wo wir ihn ausatmen.

Die weißen Blutkörperchen sind wichtige Abwehrzellen. Sie schützen uns vor Eindringlingen wie Bakterien oder Fremdkörpern. Sie müssen nicht in unseren Blutgefäßen bleiben, sondern können in jeden Teil unseres Körpers wandern, um Krankheitserreger und Zellschrott zu fressen. Auch Fago, die Fresszelle, ist ein weißes Blutkörperchen.

Die Blutplättchen sind dafür da, eine Wunde zu verschließen. Sie haken sich ineinander und verhindern, dass du immer weiter blutest. Die Schutzschicht, die sie bilden, wird später zur Kruste, auch Schorf genannt. Blutest du zu stark, kann man die Wunde verbinden, nähen, klammern oder kleben.

Blut ist rot – oder?

Hattest du schon mal eine rostige Stelle an deinem Fahrrad? Rost ist rot und er entsteht, wenn Eisen mit Sauerstoff aus der Luft in Verbindung kommt. Und tatsächlich hast du rostiges Eisen in deinem Blut! Denn die roten Blutkörperchen enthalten Eisen und werden in der Lunge mit Sauerstoff beladen. Dann sehen sie richtig hellrot aus. Auf ihrem Weg durch den Körper geben sie den Sauerstoff ab und werden immer dunkler. Am Ende ihrer Reise sind sie dunkelrot, fast lila, bevor sie in der Lunge wieder neuen Sauerstoff aufnehmen.
Im Tierreich geht es noch bunter zu: Tintenfische haben blaues, einige Käfer gelbes und manche Echsen grünes Blut.

Immer im Kreis

Unser Herz pumpt das Blut durch unsere Blutgefäße zu jeder einzelnen Zelle. Nicht kreuz und quer, sondern immer im Kreis. Das nennt man daher auch Blutkreislauf. Eigentlich durchfließt das Blut nacheinander sogar zwei Kreisläufe, die miteinander verbunden sind:

Im kleinen Kreislauf fließt das Blut von der rechten Herzhälfte 1 zur Lunge 2. Dort gibt das Blut verbrauchten Sauerstoff ab, den du dann ausatmest, und lädt neuen auf, den du eingeatmet hast. Dieses sauerstoffreiche Blut wird zur linken Herzhälfte 3 transportiert.

Im großen Kreislauf wird das Blut dann von der linken Herzhälfte zum Rest unseres Körpers gepumpt, z. B. zu den Muskeln, den Verdauungsorganen und dem Gehirn 4. Dort gibt es den Sauerstoff wieder ab. Außerdem nimmt es im Darm Nährstoffe aus unserer Nahrung auf und verteilt sie im Körper. Gleichzeitig sammelt es Abfallstoffe ein. Und wieder geht's zurück zur rechten Hälfte des Herzens. 5

Damit sich das sauerstoffarme Blut im rechten Teil nicht mit dem sauerstoffreichen Blut im linken Teil des Herzens vermischt, sind die linke und die rechte Herzhälfte durch eine Wand voneinander getrennt.

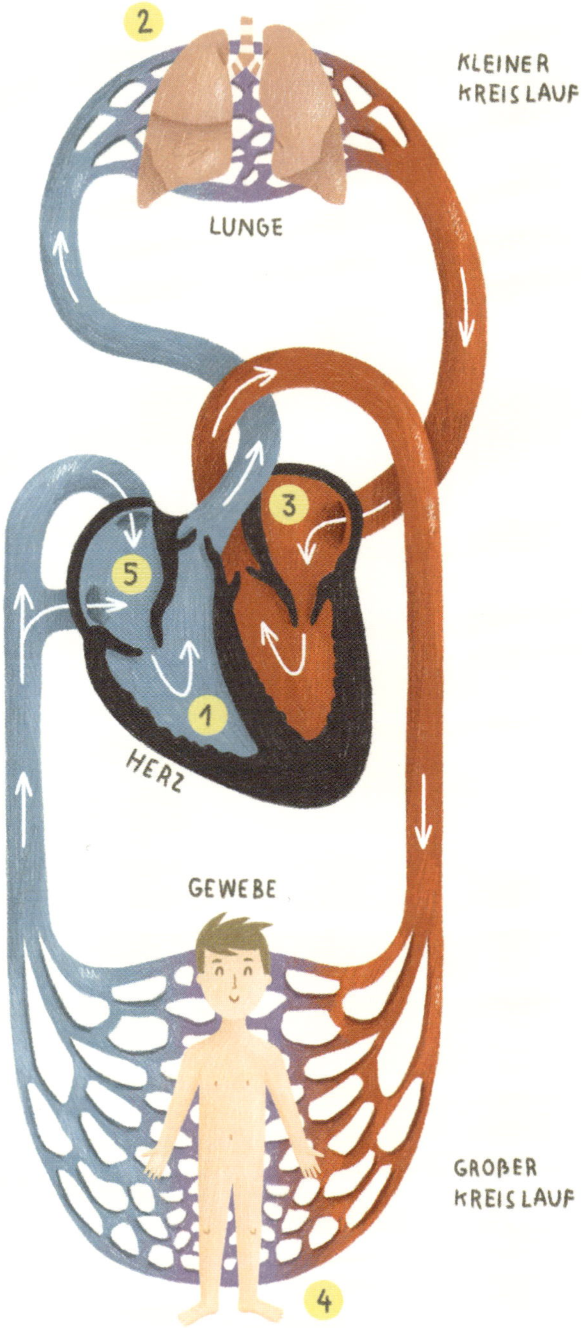

Was sind Arterien und Venen?

Beides sind Namen von Blutgefäßen. Arterien transportieren das Blut vom Herzen weg. In Herznähe können die Blutgefäße so dick wie Finger sein. Dort fließt das Blut sehr schnell. Die Arterien verzweigen sich dann immer weiter wie Äste an einem Baum. Die kleinsten Zweige sind so dünn wie deine Haare. Dort fließt das Blut ganz langsam. Sie heißen Kapillaren oder Haargefäße und tauschen mit den Zellen alle wichtigen Stoffe aus. Dann fließen sie auf dem Rückweg zum Herzen zu immer größeren Adern zusammen. Diese Blutgefäße, die zum Herzen führen, werden Venen genannt.

Würde man alle Blutgefäße eines Menschen aneinanderlegen, könnte man sie ungefähr zweimal um die Erde wickeln!

Ein riskanter Plan

Die drei Zellen haben es sich in der Höhle gemütlich gemacht und erzählen sich von ihren Wünschen und Träumen.

„Na ja, geträumt hab ich schon von so manchen Orten im Körper“, erzählt Fago. „Im Ohr soll es die besten Partys geben. Und so richtig leckeres Ohrenschmalz!“

„Ich würde alles dafür geben, einmal ins Gehirn zu dürfen“, wirft Nea ein. „Da gibt es Nervenzellen, die wissen einfach alles!“

„Und ich will die großen Pobacken-Muskeln sehen!“ Mio springt auf. „Oder die zappelige Zunge!“

Nea seufzt. „Das klingt superspannend. Aber so eine Reise ist einfach viel zu gefährlich.“

„Also, ich wär dabei!“, ruft Mio entschlossen. „Aber nur, wenn Fago mitkommt. Wir brauchen jemanden, der sich auskennt und der uns zeigt, wie wir uns zwischen den fiesen Geschossen im Blut fortbewegen können.“ Dabei reibt er sich seine Beule auf der Stirn.

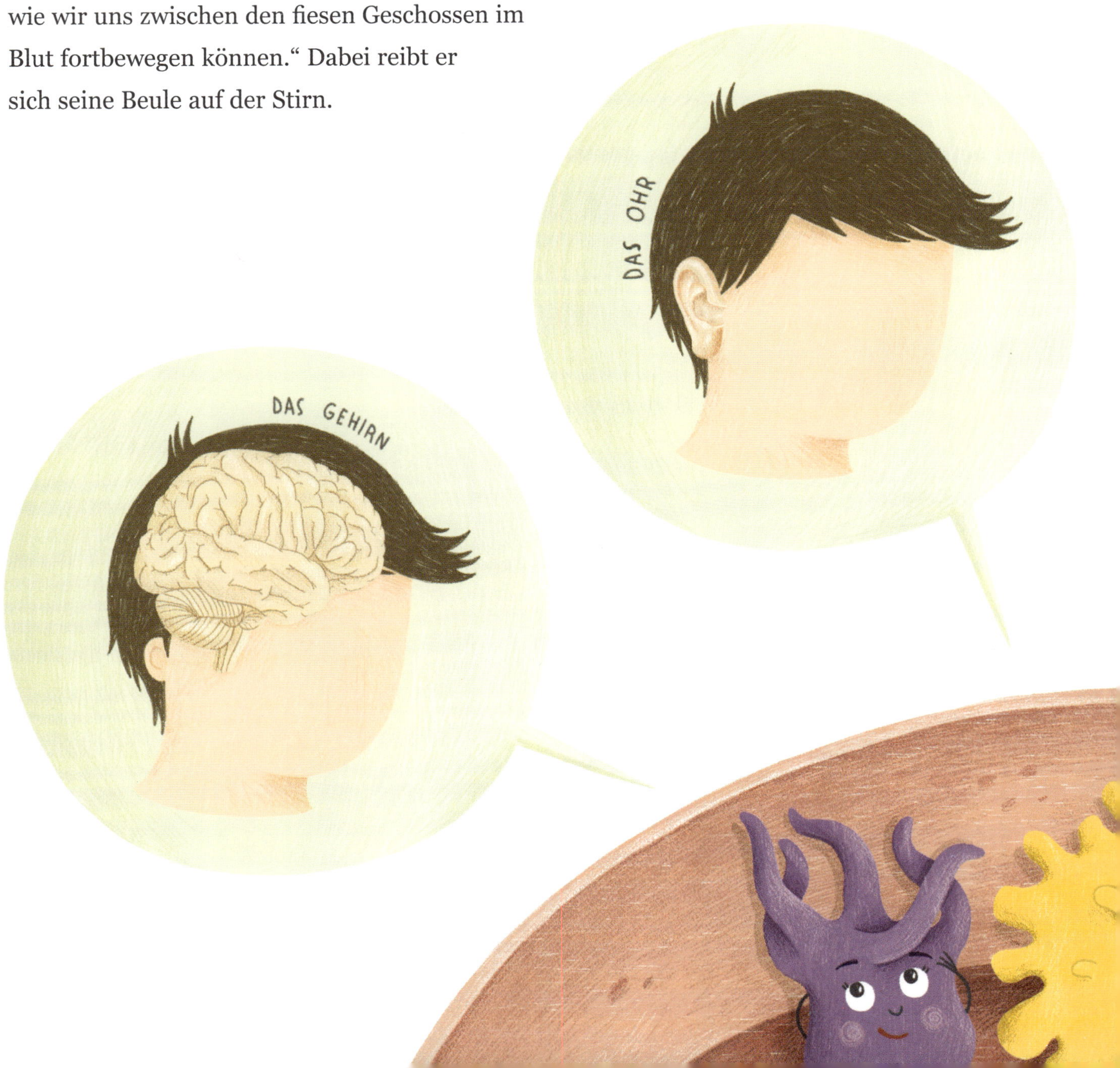

„Hmm.“ Unsicher zieht Fago die Schultern hoch. „Ich weiß nicht so recht. Andererseits … wir wären ja zu dritt, ein richtiges Team. Vielleicht könnte das klappen …“

Mio hüpft auf und ab. „Natürlich klappt das! Also, wohin wollen wir unsere Abenteuerreise machen?“

„Ach …“ Nea schaut verträumt in die Ferne. „Das Allercoolste wäre, einmal aus dem Körper nach draußen zu schauen. Wie es da wohl aussieht?“

„Aber außerhalb des Körpers können wir nicht überleben“, gibt Fago zu bedenken.

„Leute, ich hab's!“ ruft Mio. „Wo kann man denn im wahrsten Sinne des Wortes *rausgucken*? Na?“

„Du meinst, wir sollen zum Auge reisen?!“ Nea runzelt die Stirn.

„Genau! Wir dümpeln in der Tränenflüssigkeit herum und haben die tollste Aussicht, die man sich vorstellen kann. Das wird total easy, da kann uns nichts passieren!“ Zufrieden mit seinem Vorschlag strahlt Mio die anderen an.

„Mir fallen zwar mindestens tausend Gefahren ein, aber die Idee ist nicht schlecht“, muss Fago zugeben.

Mio hat keinen Plan, wo es langgeht. Und auch Nea hat ihre Schwierigkeiten, sich zu orientieren. Aber Fago kennt den Weg. Und jetzt auch du!

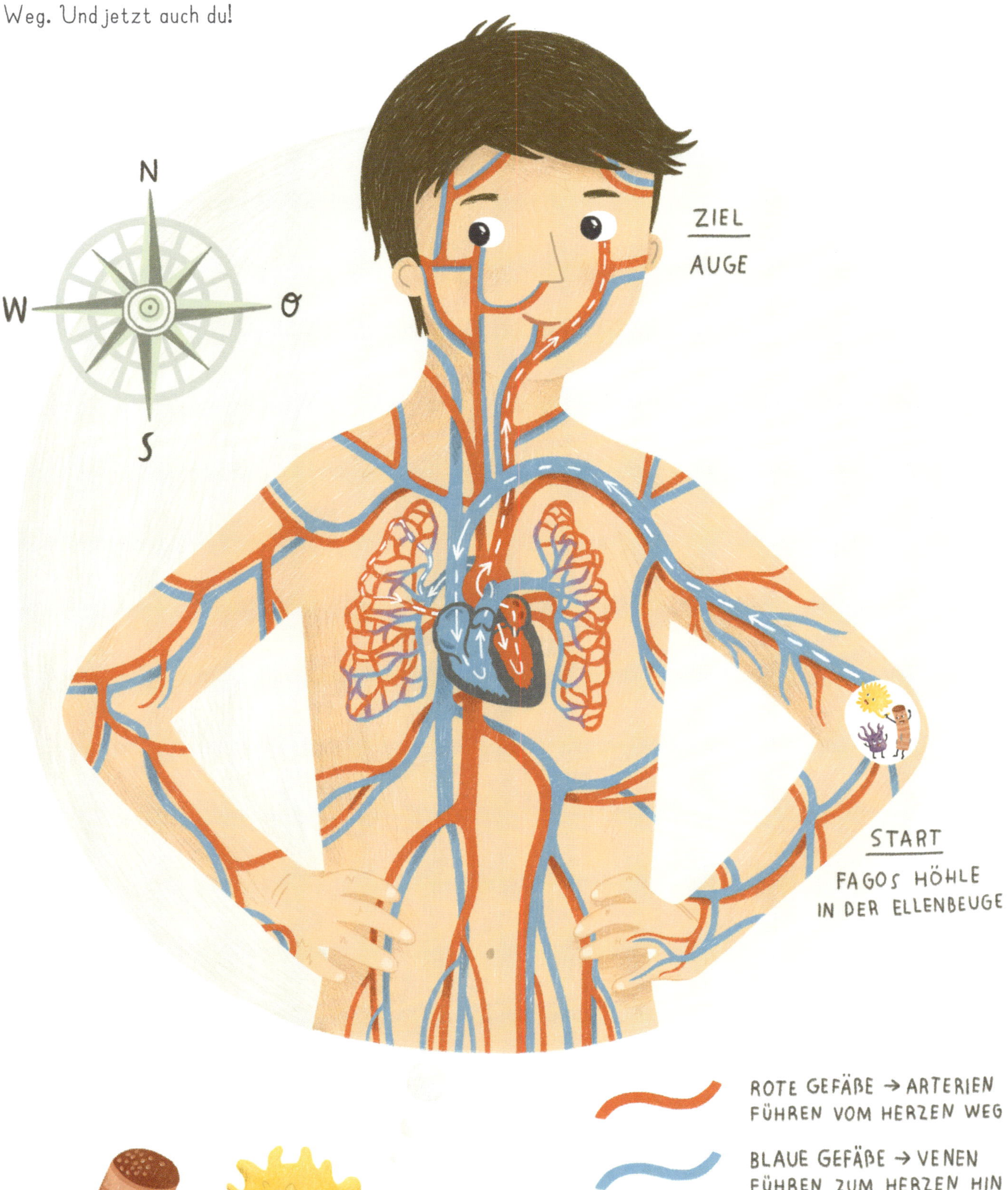

Nea kichert nervös. „Wenn wir das machen, sind wir richtige Rebellenzellen.“ Ernst fügt sie hinzu: „Aber wir brauchen einen Plan.“

Mio wirft Nea einen genervten Blick zu. „Okay, hier ist der Plan: Wir springen ins Blut, passen auf, dass uns keiner umkachelt und steigen am Auge wieder aus. Fertig. Vom Arm zum Auge ist es doch nur ein kleines Stückchen!“

Fago schluckt. „Wenn das so einfach wäre ...“

„Heißt das etwa, du kennst den Weg nicht?“, fragt Mio entrüstet.

„Doch, klar! Wir können uns durch die Armvenen treiben lassen bis zur rechten Herzhälfte, von da aus geht’s automatisch in die Lunge und zurück zur linken Herzhälfte. Und ab da muss ich erst auf die Gefäßabzweigungen aufpassen: durch die *Aorta*, dann in die *Arteria carotis communis, Arteria carotis interna, Arteria ophtalmica, Arteria lacrimalis*, dann in die *Arteria palpebralis lateralis* – und schon sind wir da.“

„Du kennst alle Blutgefäße?“, fragt Nea fasziniert.

„Jaja, die komplette Körperlandkarte“, antwortet Fago und winkt ab. „Aber versteht ihr denn gar nicht, was das heißt? Da gibt es keine Direktverbindung! Wir müssen durch das HERZ und durch die LUNGE!“ Blanke Panik steht in Fagos Augen und auf seiner Stirn glitzern Schweißperlen.

Medizinischer Geheimcode?

Ärzte und Ärztinnen benutzen manchmal fremd klingende Wörter in Latein oder Altgriechisch. Mit diesen Begriffen können sie eindeutig beschreiben, wo du dir einen Knochen gebrochen hast oder welcher spezielle Krankheitserreger deinen Körper angreift. Dann wissen alle, die dich behandeln, genau Bescheid. Sogar in einem anderen Land. Ganz schön praktisch, oder?

Hast du eine Idee, was "Arteria palpebralis lateralis" sein könnte? „Arteria" bedeutet Schlagader oder Arterie. Wir sind also in einem Blutgefäß unterwegs, das vom Herzen wegführt. „Palpebralis" bedeutet Augenlid. Aha, wir sind also am Auge unterwegs. "Lateralis" bedeutet seitlich, wir sind also in einem Blutgefäß am äußeren Augenlid unterwegs. Rätsel gelöst. Es ist wie eine Geheimsprache, die man recht einfach entschlüsseln und verstehen kann – wenn man ganz viel auswendig lernt oder weiß, wo man nachgucken muss.

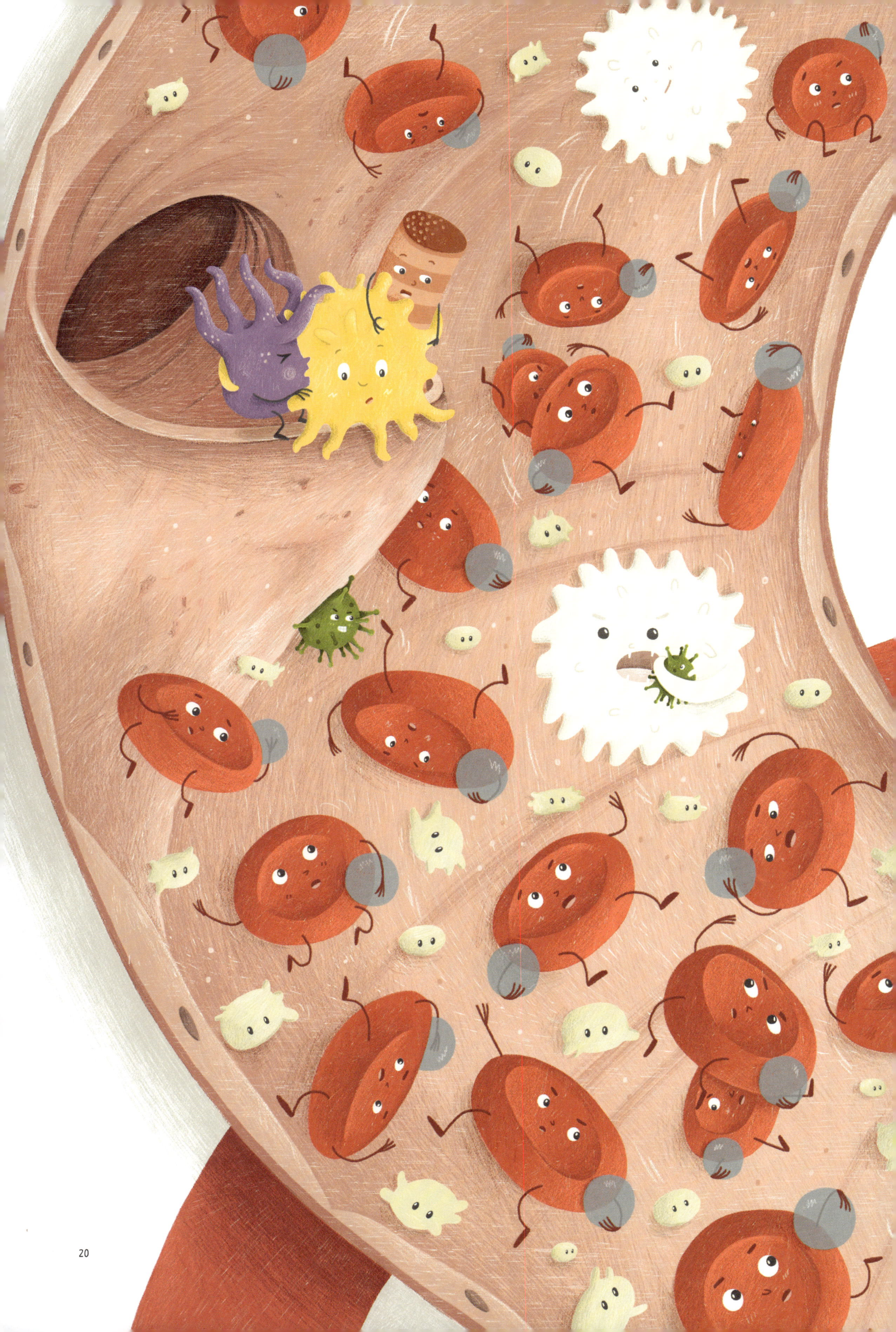

Mio legt ihm aufmunternd die Hand auf die Schulter. „Na, umso besser! Wir wollen doch was vom Körper sehen. Sozusagen *Sightseeing* im Vorbeifahren. Keine Angst, das wird klasse!“

„Okay …“ Fago atmet tief durch. „Ihr seid ja bei mir.“

Nea schaut auf die vorbeirasenden Blutkörperchen. „Aber wie schaffen wir es, dass uns von denen niemand umhaut? Und wie, an der richtigen Stelle auszusteigen?“

„Ich schlage vor, ihr klammert euch an mir fest und ich geb alles, mit euch zwei Zellklötzen an mir dran die Richtung zu halten. Aber reicht das als Plan?“, fragt Fago unsicher.

„Jaja, klasse Plan!“, ruft Mio, der sich bereits an Fago krallt.

Nea zögert, umarmt dann ebenfalls die Fresszelle und schließt die Augen. Fago zählt bis drei, dann springt er über den Höhlenrand.

Reise mit Hindernissen

So schwierig hat Fago es sich nicht vorgestellt, mit den beiden Zellen im Gepäck durch die Gefäße zu steuern. Dauernd prallen sie gegen Blutkörperchen, die ihnen empört hinterherschimpfen. Alles geht rasend schnell, nach nur einer Sekunde sind sie im Oberarm angekommen.

Kurz darauf schreit Fago: „Achtung, jetzt kommt das Herz! So doll festhalten, wie ihr *köööööööönnt*!"

Die Zellen werden wild herumgeschleudert. Der laute Herzschlag dröhnt in ihren Ohren. Nea hält die Augen fest geschlossen und Mio brüllt begeistert: „Herz, du Meister aller Muskeln, ich bin dein größter Fan!"

Kurz darauf zischen sie wieder aus der rechten Herzkammer heraus in Richtung Lunge.

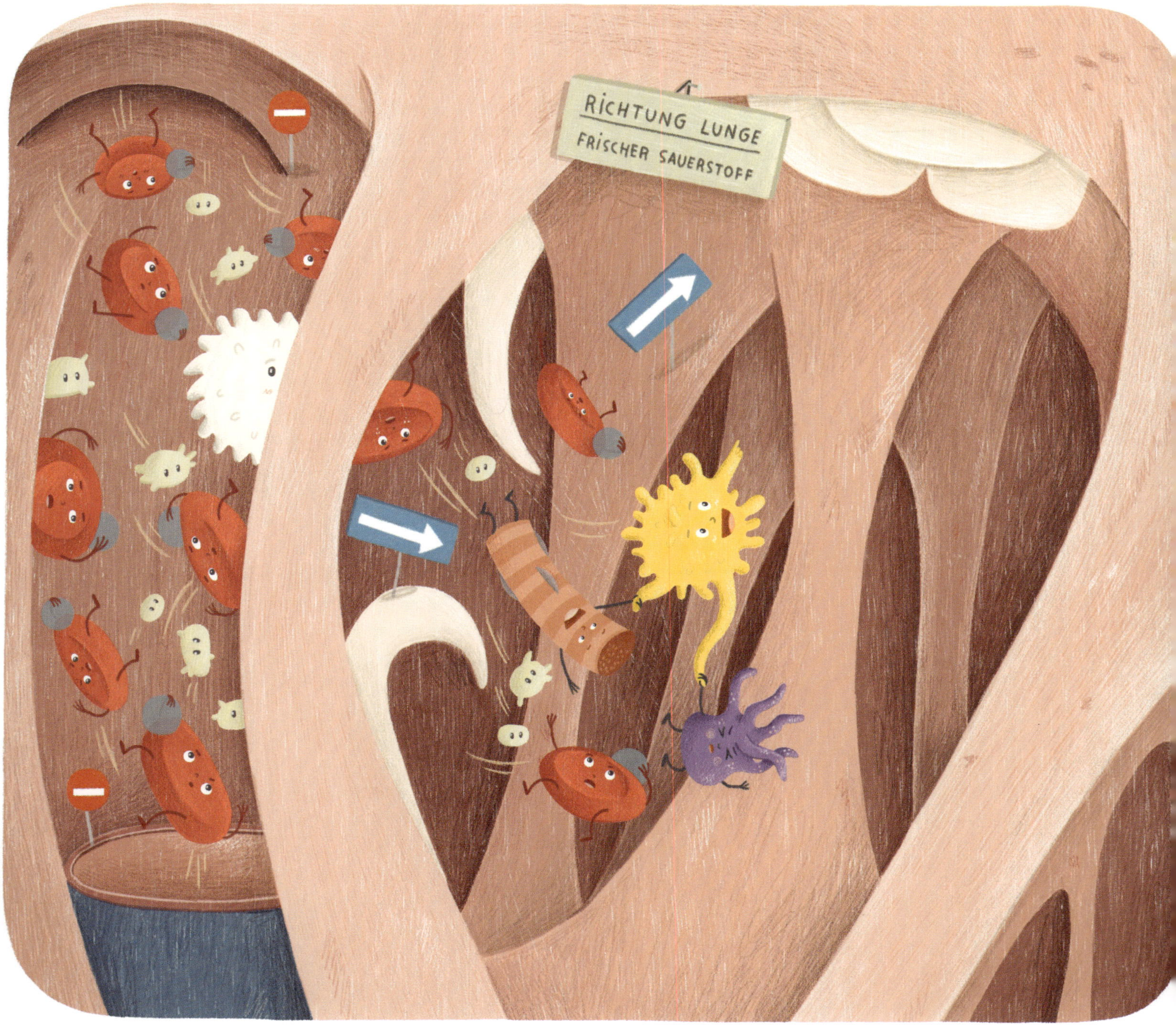

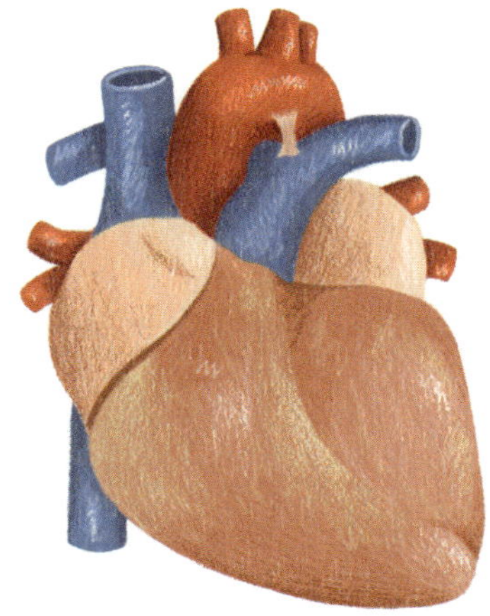

Supermuskel Herz

Dein Herz ist so groß wie deine Faust. Und es macht wirklich Schwerstarbeit. Ein Leben lang pumpt es das Blut durch deinen Körper, ohne eine einzige Pause zu machen. Sonst würden deine Körperzellen verhungern und ersticken. Jede Minute befördert dein Herz dein gesamtes Blut durch den Körper. Während du also bis 60 zählst, saust ein Blutkörperchen z. B. vom linken kleinen Finger zum Herzen, zur Lunge, zurück zum Herzen und weiter in den rechten kleinen Zeh.

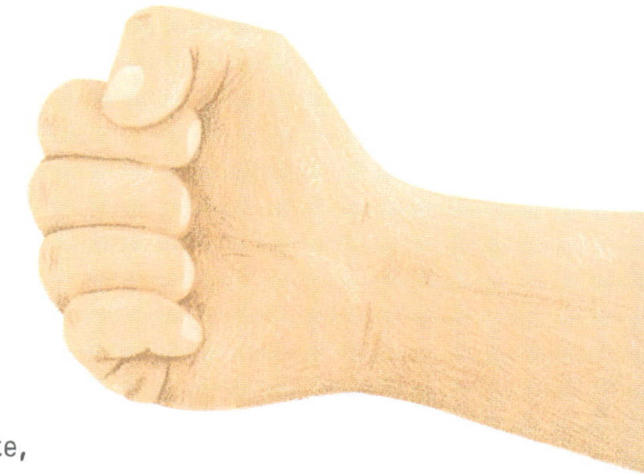

Poch-Poch Poch-Poch

Das Pumpen, also das Zusammenziehen deines Herzens, kannst du spüren: es ist dein Herzschlag oder Puls. Je jünger der Mensch, desto schneller der Puls: Bei einem Erwachsenen schlägt das Herz ungefähr 70-mal pro Minute, bei einem Schulkind 80-90-mal und bei einem Baby über 100-mal.
Prüf doch mal, wie schnell dein Herz schlägt. Lege die Fingerkuppen deines Zeige- und Mittelfingers auf die Daumenseite deines Handgelenks ("Pulsader") oder an deinen Hals seitlich vom Kehlkopf ("Halsschlagader", nicht zu fest und nicht an beiden Seiten gleichzeitig drücken!). Nun schaust du auf die Uhr und zählst, wie oft du in einer Minute ein Pochen spürst.
Du findest keinen Puls? Dann hüpfe doch mal eine Weile auf der Stelle: Dein Herz schlägt jetzt stärker und schneller und du kannst es sogar spüren, wenn du deine Hand auf deine Brust legst.

Ein Herz für Tiere

Bei Tieren sieht das Ganze etwas anders aus: Ein Blauwal hat ein Herz, das so groß ist wie ein kleines Auto. Es schlägt beim Abtauchen nur 2–8-mal pro Minute. Das Herz eines Kanarienvogels schlägt dafür bis zu 1000-mal. Denn kleine Tiere verlieren mehr Wärme über ihre Haut als große Tiere. Um die Wärme nachzuproduzieren, brauchen die Zellen Luft und Nährstoffe. Und die pumpt das Herz mit jedem Schlag zu ihnen. Das beeindruckt die Kraken nicht. Sie haben drei Herzen: ein Hauptherz und zwei Herzen an den Kiemen zur Unterstützung. Quallen haben dafür gar keines: Sie nehmen den Sauerstoff direkt aus dem Wasser in ihre äußere Schicht auf.

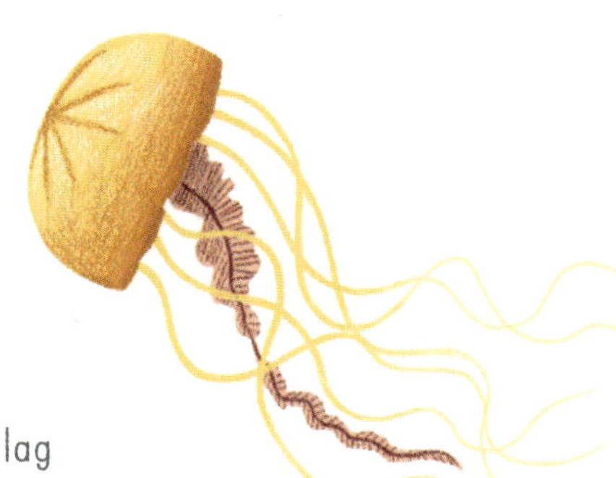

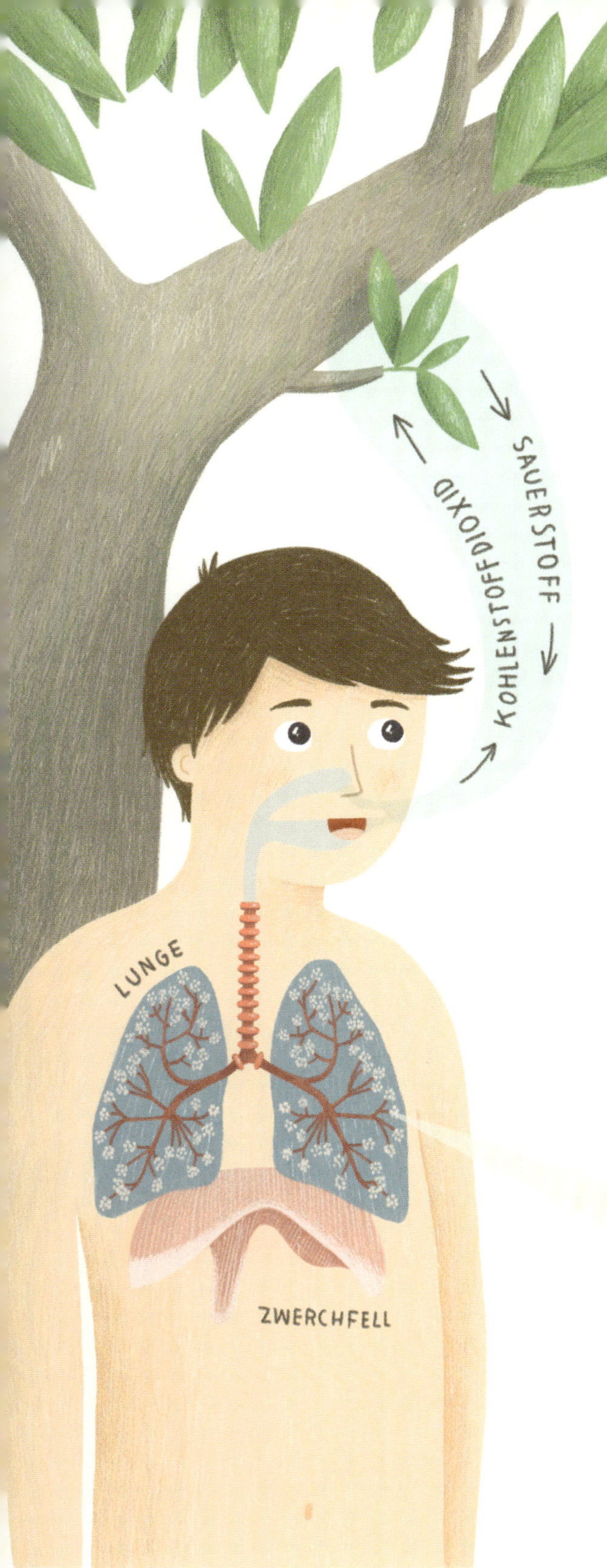

Die Sauerstoff-Tankstelle für dein Blut

Beim Einatmen strömt die Luft durch Mund und Nase in die Luftröhre. Von dort gehen nach rechts und nach links Rohre, sogenannte Bronchien, in die beiden Lungenflügel ab. Diese Rohre verzweigen sich zu immer kleiner werdenden Röhrchen, den Bronchiolen. Am Ende dieser Ästchen sitzen die Alveolen. Das sind kleine Bläschen, die wie Weintrauben aussehen. An diesen Luftkammern fließt das Blut ganz langsam vorbei. Dabei strömt durch die hauchdünne Gefäßwand frischer Sauerstoff aus der Luft ins Blut und der verbrauchte Sauerstoff aus dem Blut in diese Luftkammern der Lunge. Den atmen wir dann wieder aus. Er heißt Kohlenstoffdioxid. Damit wir atmen können, bewegt sich ein großer Muskel unter der Lunge auf und ab: dein Zwerchfell. Du kennst ihn vor allem daher, wenn er sich ruckartig zusammenzieht. Dann hast du Schluckauf.

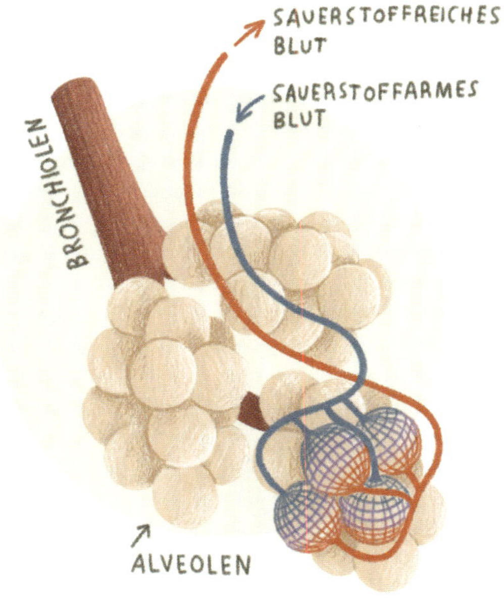

Was ist Asthma?

Asthma bronchiale ist eine häufige Krankheit der Lunge. Dabei entzündet sich die Schleimhaut der Atemwege, produziert viel Schleim und schwillt an. Das führt zu Husten und Luftnot, manchmal entsteht ein pfeifendes Geräusch. Ein Asthmaanfall kann durch vieles ausgelöst werden. Zum Beispiel durch Anstrengung, kalte Luft, eine Erkältung oder durch eine Allergie wie Heuschnupfen. Lassen sich diese Auslöser nicht vermeiden, helfen Medikamente. Sie werden oft als Spray eingeatmet.

Ihre Fahrt wird langsamer und Nea wagt es, die Augen zu öffnen. Die roten Blutkörperchen um sie herum sind hier in der Lunge plötzlich wahnsinnig beschäftigt. Sie geben ihren alten verbrauchten Sauerstoff ab und nehmen neuen Sauerstoff mit.

„Das passiert also mit der Luft, die Jojo einatmet. Wow!“, wispert Nea. „Schaut mal, wie die Blutkörperchen sich freuen!“

Tatsächlich wirken die roten Blutkörperchen wie ausgewechselt, nachdem sie mit frischer Luft beladen wurden: Sie sind nicht mehr mies gelaunt und blaurot, sondern hellrot und in bester Stimmung. Die Fahrt wird wieder schneller und kurz bevor sie in die linke Herzkammer rasen, schließt Nea erneut die Augen. In ihrem Bauch kribbelt es, als die Freunde mit atemberaubender Geschwindigkeit aus dem Herzen heraus in die Blutbahn Richtung Hals geschossen werden.

„So schnell waren wir noch *niiieee*!“, jauchzt Mio und streckt vor Freude seine Arme aus.

Das hätte er nicht tun sollen.

Er rutscht aus Fagos Umklammerung und saust alleine weiter durch das Blutgefäß, den anderen immer weiter voraus.

„Mio!“ Hektisch versucht Fago die Muskelzelle zwischen den Blutkörperchen zu entdecken.

„Da vorne rechts!“, schreit Nea, die trotz ihrer Angst nun die Augen geöffnet hat. „Er steckt da vorne im Gefäß!“

Tatsächlich hat Mio es geschafft, sich so lang zu strecken, dass er sich für kurze Zeit an beiden Seiten des Blutgefäßes festhalten kann. Fago hält direkt auf ihn zu.

„Mach nie wieder so einen Blödsinn!“, schreit Fago ihm ins Ohr, als er Mio mit sich reißt.

„Uppsi.“ Mio grinst entschuldigend.

Den restlichen Weg klammert er sich fest und Fago bekommt langsam Übung im Steuern, sodass sie es ohne weitere Probleme schaffen, die richtigen Abzweigungen zu nehmen. Die Gefäße, in denen sie schwimmen, werden allmählich enger und ihre Fahrt immer langsamer, bis Fago die beiden Zellen schließlich loslässt. „Haltestelle *Äußerer Augenwinkel.* Endstation.“

„Hui“, ruft Mio. „Das war ja noch toller als erwartet! Und zwischendrin sogar etwas Dramatik!“

„Die Dramatik hätte ich jetzt nicht gebraucht!“, stöhnt Fago atemlos.

„Ich auch nicht!“, keucht Nea, noch ganz bleich im Gesicht.

„Ja, sorry, auf der Rückfahrt halte ich mich brav fest“, ruft Mio gut gelaunt und reibt sich die Augen. Hier ist es viel heller als im Rest des Körpers.

„Seht mal, wie das Licht durch die Gefäßwände scheint“, wispert Nea beeindruckt.

Die drei schauen sich aufgeregt an, dann quetschen sie sich durch eine Lücke in der Gefäßwand nach draußen.

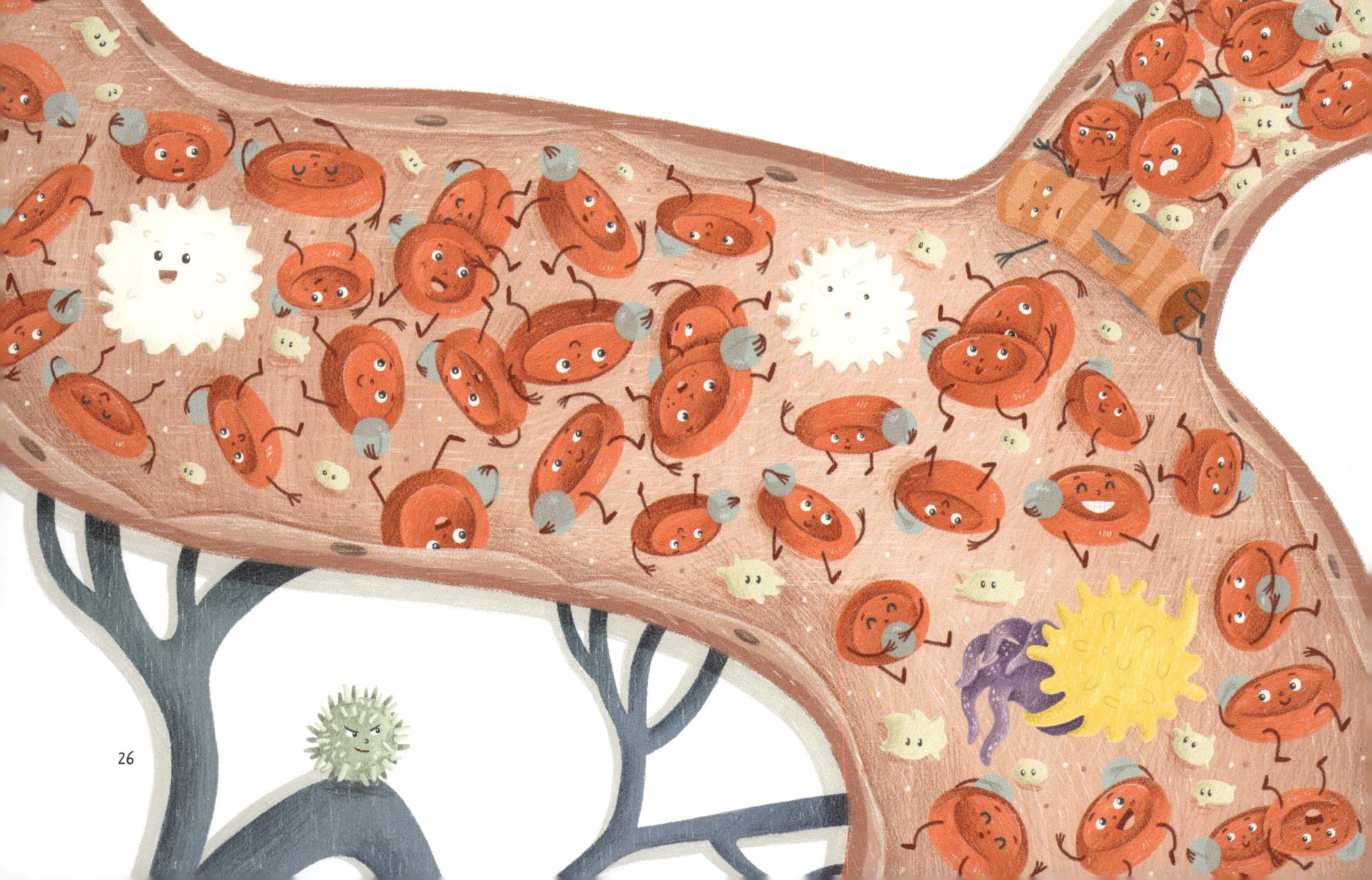

Mio kann sich toll strecken. Aber auch andere Skelettmuskeln im Körper sind für etwas ganz Besonderes bekannt.

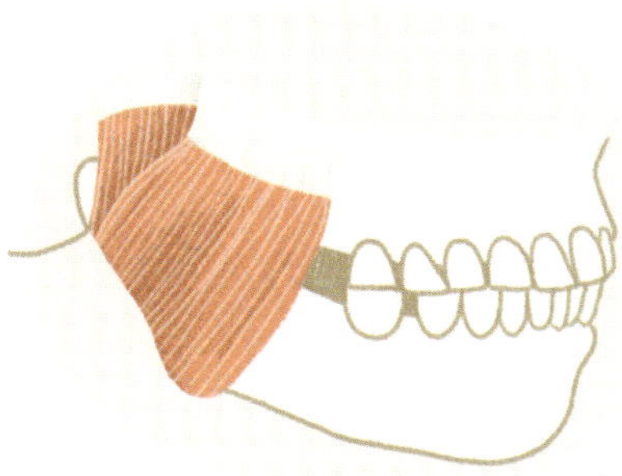

Stärkster: Leg deine Finger an deine hintere Wange, in die Nähe des Ohres. Und jetzt beiß ganz fest die Zähne aufeinander! Die Muskeln, die du unter deinen Fingern spürst, sind deine Kaumuskeln und die stärksten im ganzen Körper!

Aktivster: Schau mal, ohne den Kopf zu bewegen, ganz schnell nach links, rechts, oben und unten! Jetzt bewegen sich deine Augenmuskeln. Besonders nachts beim Träumen zucken sie ganz schnell unter deinen Augenlidern hin und her. Diese Schlafphase nennt man REM-Phase (Rapid Eye Movement, also schnelle Augenbewegung).

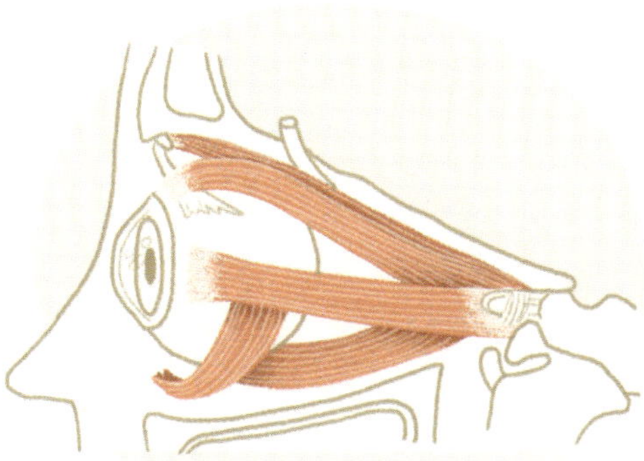

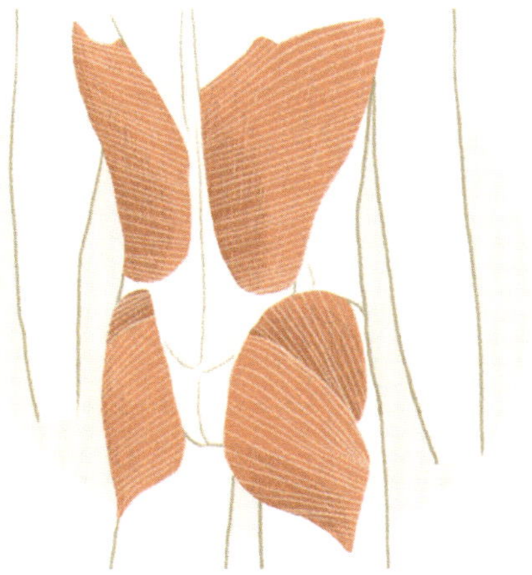

Größter: Leg dich auf den Bauch, streck Arme und Beine aus und heb sie an! Jetzt trainierst du die beiden größten Muskeln deines Körpers: Der Große Rückenmuskel ist breit und bildet die größte Fläche. Der Große Gesäßmuskel an deiner Pobacke ist dick und hat das größte Volumen, braucht also den meisten Platz.

Längster: Setz dich in den Schneidersitz. Nun benutzt du den längsten Muskel in deinem Körper. Er reicht von deinem Becken (also dort, wo dein Oberschenkel beginnt) bis zum Schienbein. Und wie heißt er wohl? Richtig! Schneidermuskel.

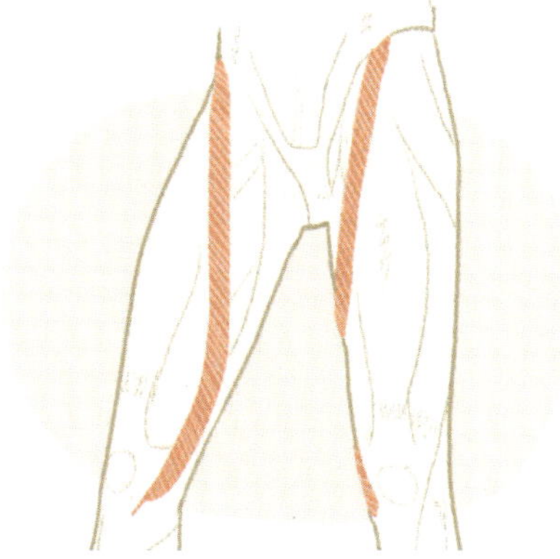

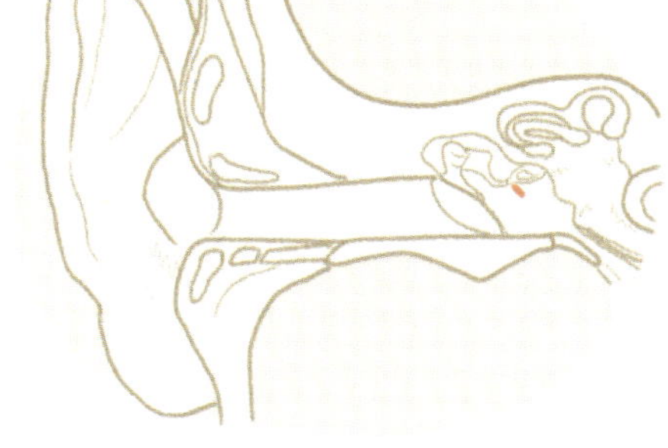

Kleinster: Schrei mal ganz hoch und laut! Jetzt ist dein kleinster Muskel aktiv, der Steigbügelmuskel. Er ist ungefähr so lang wie ein Reiskorn, sitzt im Ohr und schützt dich vor zu viel Krach.

Warum sagt man Augapfel?

Dein Auge ist ein Sinnesorgan. Es kann Formen erkennen, Farben unterscheiden und Bewegungen wahrnehmen. Dafür braucht es Licht, das ins Augeninnere scheint. Im Dunkeln kannst du nichts sehen. Dein Auge ist eine bewegliche runde Kugel und wird wegen der Form auch Augapfel genannt. Die weiße kräftige Lederhaut bewahrt es vor Verletzungen. Das Auge sitzt gut geschützt in den knöchernen Augenhöhlen. Von außen sehen wir nur einen kleinen Teil von ihm.

Mit dem Lichtstrahl unterwegs

Jeder Gegenstand wirft Lichtstrahlen zurück. Zuerst durchdringen sie die durchsichtige Hornhaut. Das ist so etwas wie eine stabile äußere Schutzschicht. Danach geht es weiter durch die Pupille, das schwarze Loch, das ins Innere des Auges führt. Wie viel Licht ins Auge scheint, steuert die Iris, auch Regenbogenhaut genannt. Ihre Muskeln stellen die Pupille eng und weit.
Hinter der Pupille sitzt eine durchsichtige Linse. Sie bündelt die Lichtstrahlen, dreht sie auf den Kopf und schickt sie weiter nach hinten zur Netzhaut. Die Netzhaut ist eine Art Leinwand an der Rückseite des Auges. Sie leitet die Bilder, die wir sehen, über den Sehnerv ans Gehirn weiter. Unser Gehirn dreht das Bild wieder um, erkennt und bewertet es: ein Eis. Lecker!

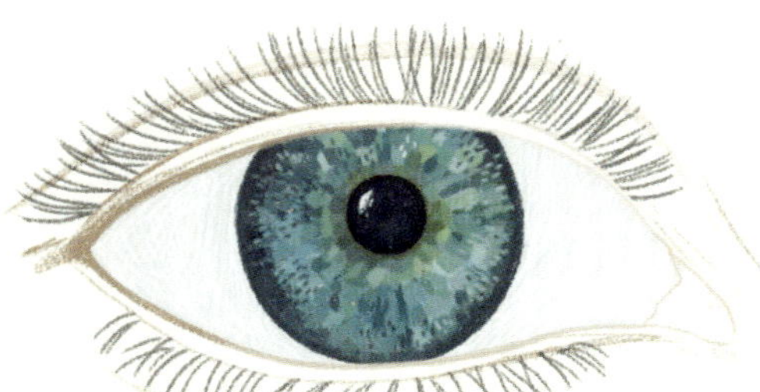

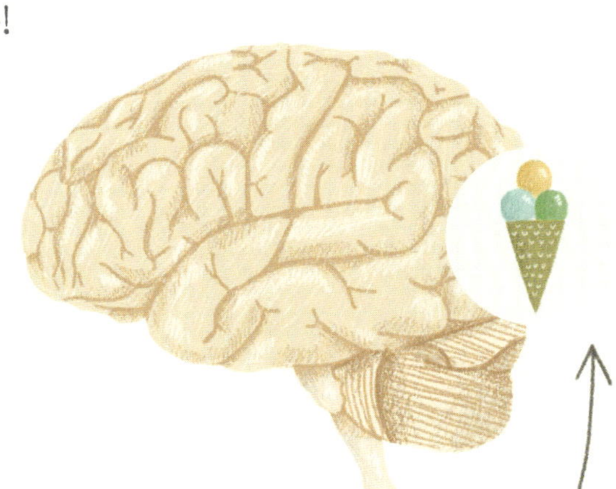

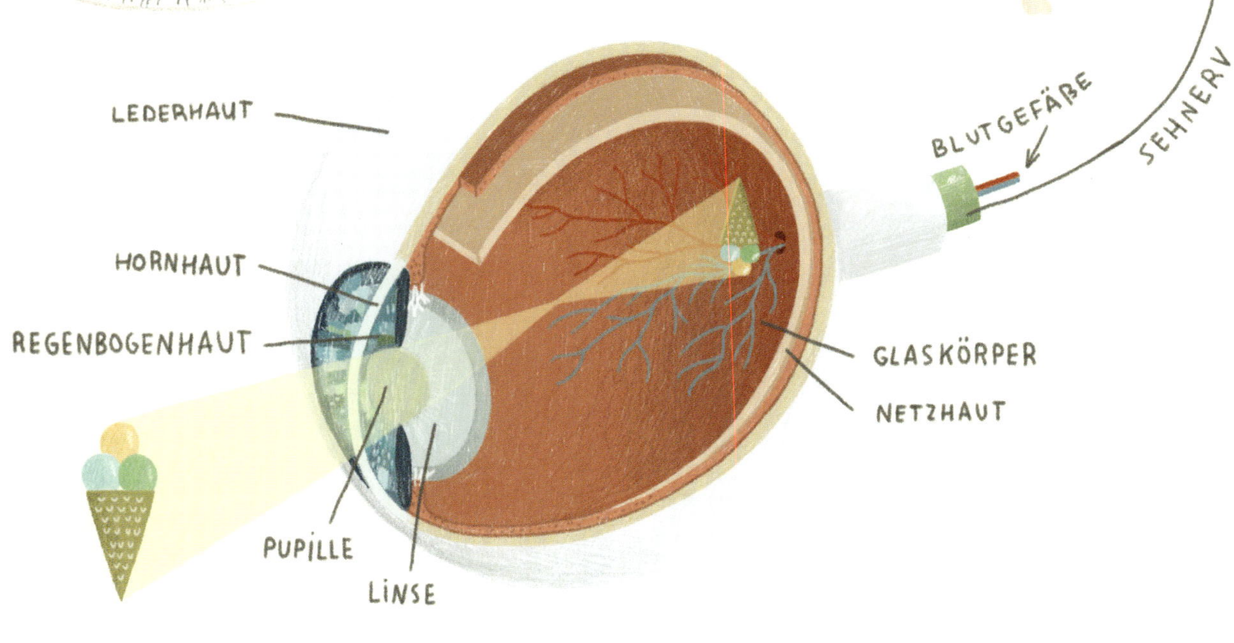

Jedes Auge ist einzigartig

Deine Augenfarbe zeigt an, wie viele Farbstoffe in deiner Regenbogenhaut vorhanden sind. Sind es wenige, erscheinen deine Augen blau. Etwas mehr? Dann sind sie grün. Noch etwas mehr und deine Augen werden braun. Bei Babys verändert sich die Augenfarbe häufig noch im ersten Lebensjahr: Die Farbstoffe sind bei der Geburt noch nicht fertig gebildet.
Mehr als die Hälfte aller Menschen weltweit hat braune Augen. Ganz selten gibt es Menschen, bei denen beide Augen unterschiedliche Farben haben. Richtig gleich sind ohnehin keine zwei Augen: Jede Regenbogenhaut hat ein einzigartiges Muster, wie ein Fingerabdruck. Meist hat die Regenbogenhaut nicht nur eine einzige Farbe oder Helligkeit. Schau dir mal ganz genau deine Augen im Spiegel an!

Nicht immer alles im Blick

Leider funktionieren unsere Augen nicht immer problemlos. Einige Menschen schielen, andere haben Probleme, Rot und Grün voneinander zu unterscheiden, und manche Menschen können fast nichts oder gar nichts sehen: Sie sind blind. Viele Menschen sind kurzsichtig (sie sehen nur in der Nähe scharf) oder weitsichtig (sie erkennen Dinge besser in der Ferne). Diese Sehfehler kann man mit einer Brille ausgleichen. Sie funktioniert wie eine zweite Linse. Hast du manchmal Probleme, etwas scharf zu sehen? Dann sag es deinen Eltern und mache einen Sehtest. Das tut nicht weh und kann dir helfen. Denn gut sehen zu können ist wichtig und Brillen können richtig cool aussehen. Welche Brille magst du am liebsten?

Pupillen-Experiment

Du brauchst für dieses Experiment eine Taschenlampe und einen Spiegel. Stell dich in einen halbdunklen Raum und schau in den Spiegel. Jetzt sind deine Pupillen sehr groß. Leuchte nun mit der Taschenlampe auf dein Gesicht. Wie sehen deine Augen jetzt aus? Die Pupillen haben sich zu kleinen Punkten verengt.
Warum ist das so? Im Dunkeln sind deine Pupillen sehr groß, damit von dem wenigen vorhandenen Licht möglichst viel in dein Auge scheint und du etwas erkennen kannst. Ist es sehr hell, werden sie ganz klein, damit möglichst wenig helles Licht in dein Auge scheint und du nicht geblendet wirst.

Ein fantastischer Ausblick

Sie haben es tatsächlich geschafft! Die Freunde sind gleich doppelt geblendet: von dem hellen Licht, das sie aus dem Inneren des Körpers nicht kennen und von dem Ausblick, der alles übertrifft, was sie sich erträumt haben. Diese Farben! Diese Weite!

Die Zellen haben sich hinter einer kleinen Falte am äußeren Augenwinkel versteckt und schützen ihre eigenen Augen mit den Händen vor der Sonne.

„Unglaublich ...", wispert Fago überwältigt.

Nea rollt eine kleine Freudenträne über die Wange und dem sonst so quasseligen Mio hat es glatt die Sprache verschlagen. Rote Häuser, grüne Bäume und blauer Himmel ziehen an ihnen vorbei und ab und zu sehen sie vor sich einen Fahrradlenker.

„Haben wir ein Glück, Jojo fährt mit dem Fahrrad!", freut sich Fago. „Stellt euch vor, er würde schlafen oder Hausaufgaben machen. Da hätten wir nicht viel zu entdecken. Aber so können wir die große weite Welt sehen!"

Mio wirft schulterzuckend ein: „Ich hatte gehofft, dass der Fernseher läuft. Das scheint für Jojo 'ne wichtige Sache zu sein. Aber echte Welt ist auch okay."

„Meint ihr, wir können mal ein Bad in der Tränenflüssigkeit nehmen?", fragt Nea ehrfürchtig.

MPM - 138

„Klar!“, ruft Mio und springt, ohne zu zögern, hinein. „Kommt doch auch rein, das Wasser ist schön warm!“

Die anderen beiden hüpfen hinterher und alle planschen lachend in der Tränenflüssigkeit herum. Doch plötzlich wird es dunkel und wie von einer riesigen Hand werden sie untergetaucht. Aber genauso schnell wird es wieder hell und die drei tauchen prustend auf.

Nea spuckt etwas Salzwasser aus und keucht: „Das war das Augenlid, Jojo hat geblinzelt!“

Nun bemerken sie auch, dass jedem Blinzeln kleine Wellen und ein Schatten vorausgehen. Beim nächsten Lidschlag holen sie vorher Luft und beim übernächsten freuen sie sich bereits darauf.

„Das ist so cool! Wie ein Schwimmbad mit eingebauter Wellen-Tauch-Anlage“, ruft Mio begeistert. „Lasst uns noch ein Stück weiter schwimmen. Guckt mal, da vorne ändert sich die Farbe des Schwimmbadbodens. Hier ist er noch weiß, da vorne wird er grün und noch weiter in der Mitte schwarz.“

„Das Schwarze ist die Pupille“, fängt Nea an zu erklären.

„Was ist denn eine Po-Pille?“ Mio lacht los über so ein schönes Wort.

„Nicht *Po*-Pille, *Pu*-pille!“, belehrt ihn Nea. „Das ist das schwarze Loch da vorne. Dadurch kommen all die Bilder ins Auge, die Jojo sieht.“

„Was du alles weißt!“, staunt Fago. „Aber ich brauch jetzt mal ‘ne Pause und was zu futtern.“ Er schwimmt zurück zur Falte am äußeren Augenwinkel. Dort findet er leckere Staubkörnchen und macht sich schmatzend darüber her.

Nach einer Weile haben auch Nea und Mio genug in den Wellen geplanscht und schwimmen an den Rand. Nea will sich gerade auf eine Augenfalte setzen, als sie neben sich etwas Flauschiges bemerkt. „Oh, wie süß. Was ist denn das?“ Sie zeigt auf eine kleine, längliche Zelle, die komplett mit Härchen bedeckt ist. „Guck mal“, wendet sie sich an Mio. „Es zittert im Schlaf und sieht ganz unglücklich aus. Ist das ein Bakterium?“

„Lass das mal lieber da liegen, Bakterien sind meistens gefährlich!“, mahnt Mio.

„Quatsch, im Körper gibt es viele gute Bakterien, ohne die Jojo gar nicht leben könnte“, setzt Nea zu einer Erklärung an.

Können Bakterien auch nützlich sein?

Bakterien sind winzige Lebewesen. Einige verursachen Krankheiten, aber viele Bakterien sind für uns sehr nützlich. Es wird vermutet, dass wir ungefähr so viele Bakterien in unserem Körper haben wie Körperzellen. Also sehr, sehr viele! Sie leben vor allem auf unserer Haut und im Darm. Etwa 200 verschiedene Arten von Bakterien bewohnen unseren Dickdarm. Und Pili gehört zur Gruppe der Kolibakterien. Die Darmbakterien helfen uns bei der Verdauung und vertreiben krankmachende Bakterien aus unserem Darm, indem sie ihnen die Nährstoffe und den Sauerstoff wegschnappen. Damit verhindern sie eine Vermehrung der krankmachenden Eindringlinge.

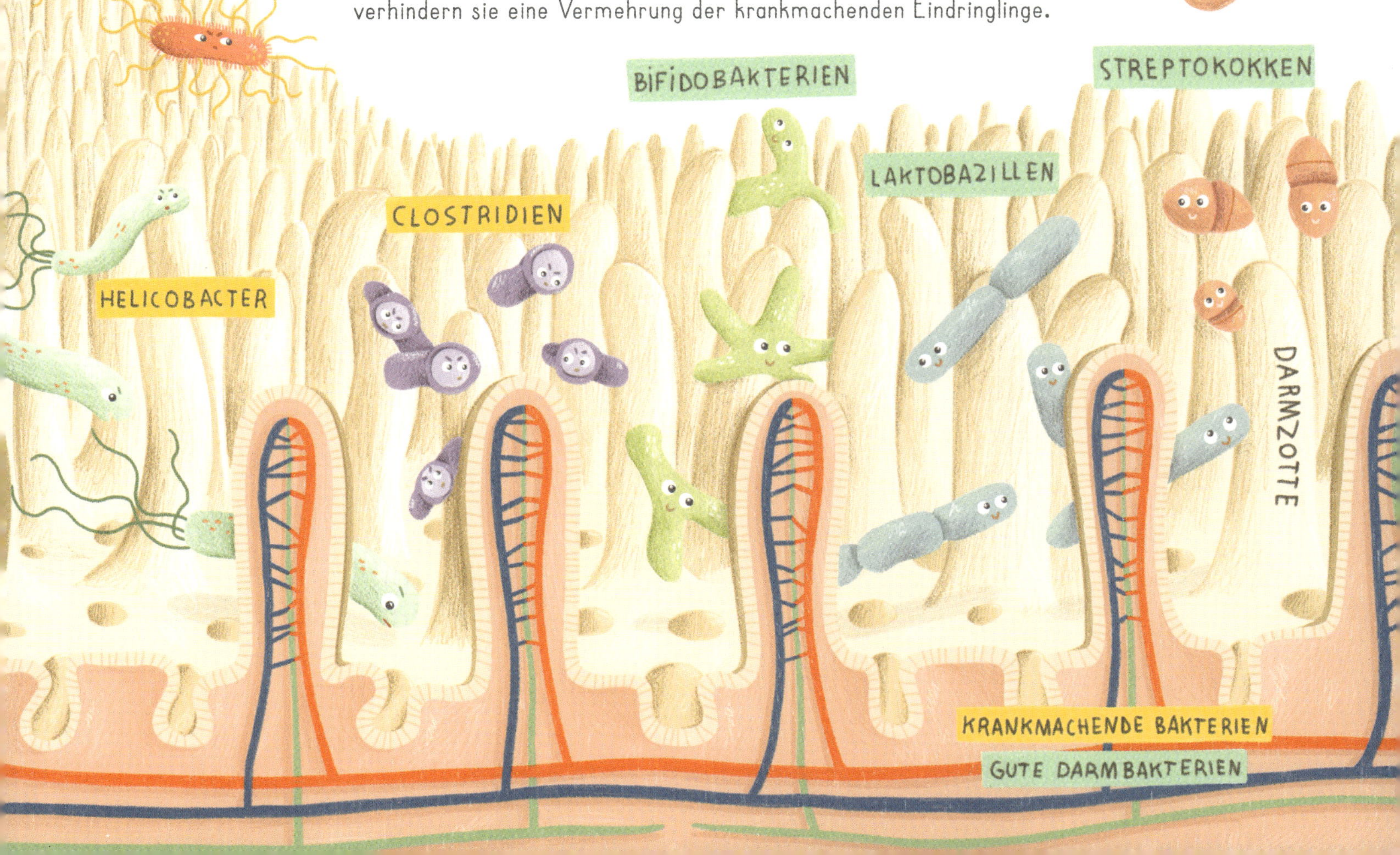

„Jaja, ist ja gut“, unterbricht Mio sie. „Wahrscheinlich kann man mit denen auch zum Mond fliegen, so toll sind die. Hey, Fago, komm mal rüber!“

„Wasisn?“ Schmatzend schlendert Fago auf die beiden zu. „Da liegt ein *E. coli* in der Ecke, na und?“

„Ein was?“, fragt Mio.

Fago verdreht die Augen. „Ein *Escherichia coli.* Ein stinknormales Darmbakterium halt.“

„Also gehört das zu den Guten, oder was?“, fragt Mio ohne allzu großes Interesse.

„Diese Art schon. Wichtig ist, dass die Kolibakterien im Darm sind. Woanders im Körper können sie echt üble Entzündungen machen. Zum Beispiel in der Harnblase oder im Auge oder im ...“

Immer klein, manchmal gemein: Bakterien und Viren

Bakterien sehen ganz verschieden aus: manche wie Kugeln, andere wie Stäbchen, Spiralen oder Fäden. Und einige von ihnen können fiese Krankheiten verursachen, z. B. Scharlach, Keuchhusten oder Karies. Sie vermehren sich sehr schnell und scheiden dabei giftige Stoffe aus, die uns krank machen. Glücklicherweise gibt es dagegen wirksame Medikamente.
Auch Viren können uns krank machen. Sie sind noch winziger als Bakterien und von ihnen gibt es auch eine Menge unterschiedlicher Arten, z. B. Grippe- oder Coronaviren. Sie brauchen fremde Körperzellen, um sich zu vermehren. Beim Kampf unseres Körpers gegen diese Viren gehen unsere Zellen kaputt, das macht uns krank. Gegen einige Viren und Bakterien kann man sich impfen lassen.

Denk dir doch mal einen eigenen Krankheitserreger aus und zeichne ihn! Egal ob stachelig oder glatt, einfarbig oder bunt, verschlafen oder angriffslustig, du entscheidest!

„Stopp mal, hast du gerade *Auge* gesagt?“, unterbricht ihn Mio. „Wir *sind* hier im Auge!“

„Oh, stimmt, dann muss ich’s fressen, hier gehört das echt nicht hin.“ Fago streckt die Hand nach dem Bakterium aus.

„Nein, stopp!“, ruft Nea. „Guck mal, das ist winzig und ganz allein. Das kannst du doch nicht einfach fressen! Außerdem hast du gesagt, du frisst keine Bakterien.“

„Reingefallen!“, grinst Fago.

„Mann, Fago, ich hatte gerade wirklich Angst, dass du es fressen willst!“

„Diese kleinen Härchen heißen übrigens Pili, damit kann es sich an der Darmschleimhaut festhalten“, erklärt Fago.

Nea blickt das Bakterium zärtlich an und hebt es behutsam hoch. „Ich nehme es auf jeden Fall mit. Es heißt also Pili.“

„Nein, nur diese kleinen Härchen heißen Pili.“

Aber Nea hört schon nicht mehr zu.

„Ach egal, dann nenn es doch Pili“, murmelt Fago und wendet sich wieder seinem Zellschrott zu.

Pili schmiegt seinen Kopf an Nea und klammert sich an ihr fest. Dann seufzt das kleine Bakterium einmal tief und schläft mit einem Lächeln im Gesicht weiter.

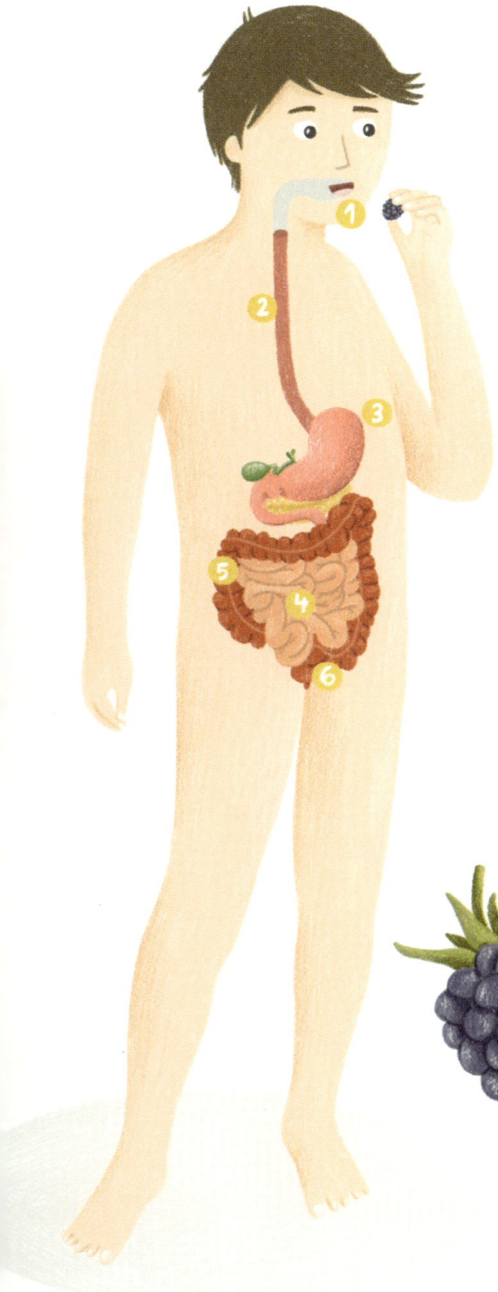

Was ist eigentlich Verdauung?

Wenn Pili nicht gerade auf Abenteuerreise ist, hilft das kleine Bakterium im Dickdarm bei der Verdauung mit. Aber wie kommt das Essen eigentlich bis zu Pili? Dein Körper braucht Nährstoffe, damit jede Zelle wachsen und ihre Aufgabe erfüllen kann. Die Zelle macht aus den Nährstoffen Energie. Ohne diese Energie kann sich eine Muskelzelle nicht zusammenziehen oder eine Abwehrzelle einen Eindringling bekämpfen. Die Nährstoffe werden von deiner Nahrung geliefert. Allerdings muss unser Essen erst in winzig kleine Teile zerlegt werden, damit deine Zellen die Nährstoffe aufnehmen können. Dieses Zerlegen deiner Nahrung nennt sich Verdauung und wird hauptsächlich in einem Muskelschlauch erledigt: deinem Darm. Dein Blut transportiert die Nährstoffe dann weiter zu den Zellen. Was dein Körper nicht braucht, scheidet er einfach aus: als Kacke, auch Kot genannt.

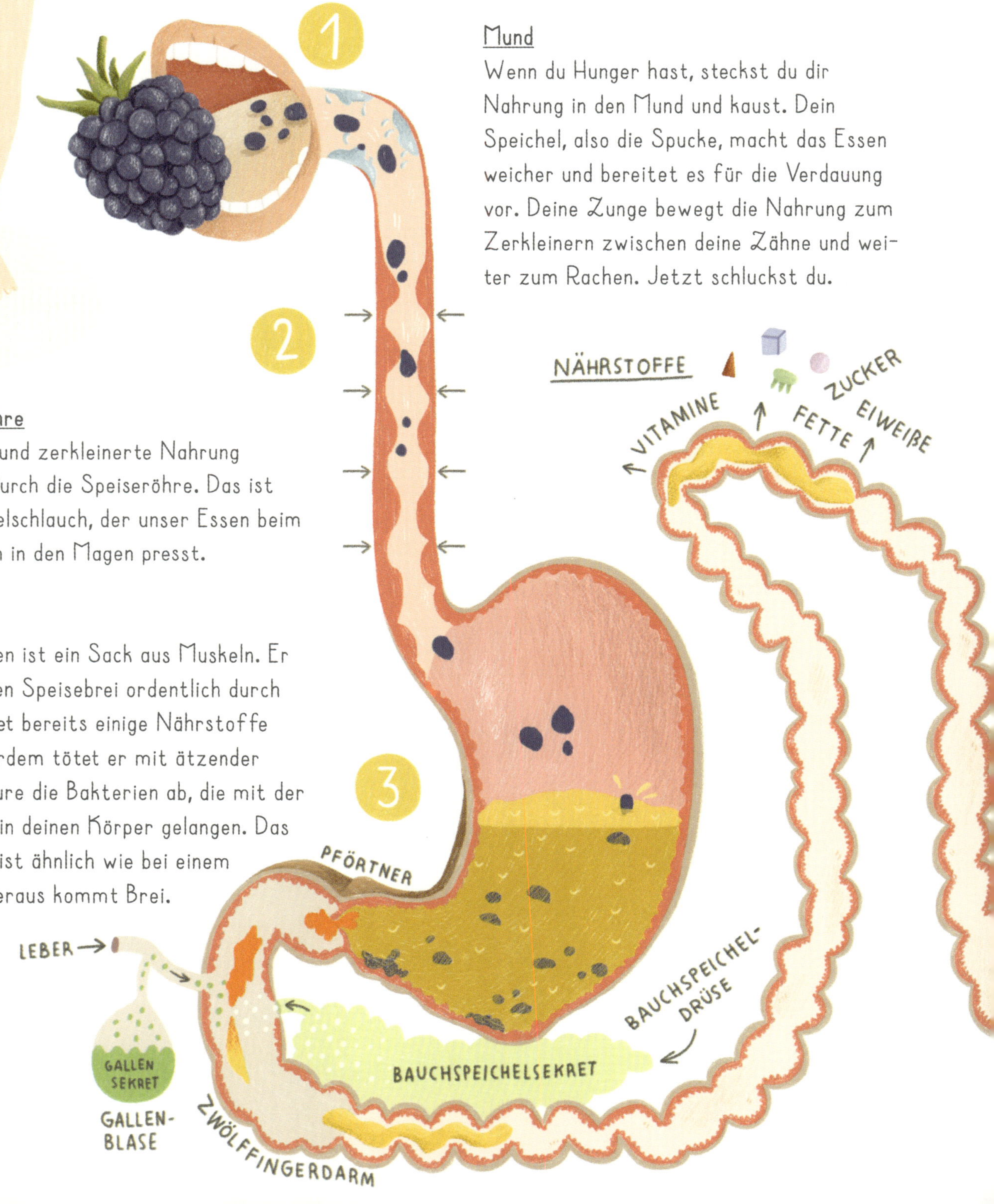

Mund
Wenn du Hunger hast, steckst du dir Nahrung in den Mund und kaust. Dein Speichel, also die Spucke, macht das Essen weicher und bereitet es für die Verdauung vor. Deine Zunge bewegt die Nahrung zum Zerkleinern zwischen deine Zähne und weiter zum Rachen. Jetzt schluckst du.

Speiseröhre
Die im Mund zerkleinerte Nahrung rutscht durch die Speiseröhre. Das ist ein Muskelschlauch, der unser Essen beim Schlucken in den Magen presst.

Magen
Der Magen ist ein Sack aus Muskeln. Er knetet den Speisebrei ordentlich durch und spaltet bereits einige Nährstoffe ab. Außerdem tötet er mit ätzender Magensäure die Bakterien ab, die mit der Nahrung in deinen Körper gelangen. Das Ergebnis ist ähnlich wie bei einem Mixer: Heraus kommt Brei.

4

Dünndarm

Der Dünndarm ist ein dünner geschlängelter Muskelschlauch. Ausgestreckt wäre er ungefähr viermal so groß wie du. Auch im Innern hat er viele Falten. Hier werden die wertvollen Nährstoffe aus dem Nahrungsbrei gelöst. Die Leber und die Bauchspeicheldrüse geben ihre Verdauungssäfte – einer davon ist z. B. die sogenannte Galle – in den Dünndarm ab und helfen beim Zerlegen der Nahrung. Die Nährstoffe werden über die Darmwand ans Blut abgegeben. Das fließt dann als Erstes zur Leber. Die Leber filtert Giftstoffe heraus und speichert überschüssiges Fett und Zucker für später. Danach werden die übrigen Nährstoffe an die Zellen ausgeliefert.

WASSER

Dickdarm

Nach dem Verdauungsprozess im Dünndarm kommt im Dickdarm nur noch ein dünner Brei an. Der Dickdarm entzieht diesem Brei das Wasser und gibt es ans Blut ab. Im Brei befinden sich nur noch die Stoffe, die du selber nicht verdauen kannst. Allerdings leben hier deine Darmbakterien, so wie Pili eines ist. Und die lieben z. B. die unverdaulichen Pflanzenfasern und können sie zerteilen.

5

Der ganze Weg vom Mund bis zum Po dauert durchschnittlich 24-48 Stunden. Was du heute isst, flutscht normalerweise erst morgen oder übermorgen ins Klo.

Enddarm

Der Enddarm oder Mastdarm ist so etwas wie der Warteraum für den Kot. Er besteht aus den Resten des Essens, Wasser, alten Körperzellen und Darmbakterien. Sitzt du auf der Toilette, entspannst du deinen Schließmuskel und drückst den Kot aus dem Poloch (auch Anus oder After genannt).

6

MUSKEL

SCHLIEßMUSKEL

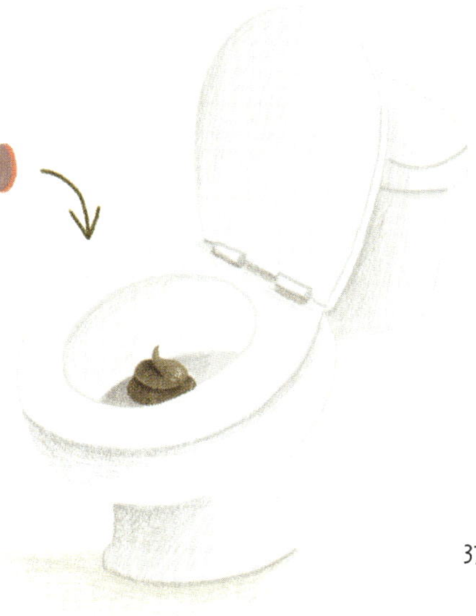

Täglich sterben viele rote Blutkörperchen. Ihr roter Farbstoff wird zu einem braunen Farbstoff abgebaut und über die Galle in den Darm transportiert. Dort färbt er deinen Kot braun.

Die Flutwelle

Die Freunde haben es sich im äußeren Augenwinkel bequem gemacht und genießen den aufregenden Ausblick. Nea streichelt Pilis Härchen, als sie auf einmal die Nase rümpft: „Puh, riecht ihr das auch?“

„Boah, das stinkt nach Pups!“, bestätigt Mio. Es folgt ein knatterndes Geräusch, das eindeutig von Pili stammt. Ein zufriedenes Lächeln zieht sich über das kleine Gesicht.

„Das gibt’s doch nicht! Jetzt pupst uns das Bakterium mitten in unseren schönsten Moment rein!“, empört sich Fago.

Nea kichert. „Pili sieht ganz glücklich aus nach dem Pups, vielleicht hat ihm was im Bauch gedrückt.“ Liebevoll krault sie seinen Kopf.

„Pupsen muss jeder mal!“, wirft Mio gut gelaunt ein und schaut fasziniert nach draußen. „Stellt euch mal vor, Jojo würde jetzt in den Spiegel gucken. Dann könnte er uns sehen! Ich würde winken wie verrückt!“

Fago schüttelt den Kopf. „Quatsch, Mio, die Menschen können uns nicht sehen. Wir sind viel zu klein. Da bräuchte Jojo schon ein richtig starkes Mikroskop – Boah, Pili hat schon wieder gepupst!“

Warum muss man pupsen?

Pupse sind Luft, die deinen Körper aus dem Po verlässt. Jeder Mensch pupst ungefähr 10-20-mal am Tag. Ein bisschen Luft schluckst du beim Essen und Trinken. Aber die meiste Luft wird von deinen Darmbakterien produziert. Sozusagen Bakterienpupse, wie bei Pili. Und diese Luft muss raus. Pupse stinken unterschiedlich doll, je nachdem, was du gegessen hast und welche Darmbakterien gerade besonders aktiv sind.

Das Geräusch entsteht, weil der Muskel am Poloch etwas flattert. Versucht doch mal, wer mit den Lippen das schönste Pupsgeräusch machen kann!

Von Beruf Kunstfurzer

Auf Kommando rülpsen können viele. Aber pupsen? Der Franzose Joseph Pujol ist vor über 100 Jahren als Kunstfurzer aufgetreten. Er konnte Tierstimmen nachmachen und sogar ganze Lieder pupsen!

„Mann, ihr seid solche Klugscheißer!“, ärgert sich Mio. „Immer wisst ihr alles besser! Da sind mir Pilis Pupse tausendmal lieber als euer Kluggescheiße.”

Nea späht angestrengt nach draußen. „Guckt mal, da vorne liegt ein großer Ast auf dem Weg. Jojo wird doch wohl ausweichen ...?“

Es folgt ein Rütteln, Jojo schreit und die Freunde sehen nur noch Gras.

„Da hast du deine Antwort“, kommentiert Mio, „Ausweich-Manöver missglückt. Jojo hat es so richtig vom Rad gefegt.“

Fago guckt ängstlich auf seine Füße, die er in der Tränenflüssigkeit baumeln lässt. „Seht ihr das? Hier ist plötzlich viel mehr Flüssigkeit als vorher.“

Die Freunde stehen jetzt schon bis zu den Knien im Wasser.

„Oh nein ... Hoffentlich fängt Jojo nicht an zu weinen, dann werden wir hier weggespült! Lauft!“, ruft Fago panisch.

Doch es ist zu spät. Eine riesige Flutwelle aus Tränen rollt auf die drei zu.

„Schnell! Kommt her!“, schreit Fago. Eng umschlungen sausen sie auf der Tränenwelle quer durchs Auge in Richtung Nase.

Warum blinzeln wir?

Pro Minute blinzelst du 8-15-mal. Dabei funktioniert dein Augenlid wie ein Scheibenwischer, der die Tränenflüssigkeit verteilt. Dieser Tränenfilm schwemmt Fremdkörper weg, wirkt keimtötend und dient als Schmiermittel, damit sich das Auge ohne Schmerzen bewegen kann.
Macht doch mal einen Wettbewerb: Wer kann länger die Augen offen halten, ohne zu blinzeln?

Und warum weinen wir?

Wir weinen, wenn unsere Augen gereizt werden, zum Beispiel durch Wind, reizende Dämpfe von Zwiebeln oder Sandkörnchen. Mit unseren Tränen spülen wir die Augen aus. Normalerweise laufen die Tränen über einen Tränen-Nasen-Gang wieder ab. Sind es zu viele Tränen, laufen sie aus dem Auge und der Nase heraus.
Wir weinen auch, wenn wir traurig, wütend oder ängstlich sind. Warum unser Körper dabei Tränen freisetzt, ist noch nicht eindeutig geklärt: Vermutlich tun wir das, um Unterstützung zu bekommen. Zudem scheint unser Gehirn beim Weinen ein körpereigenes Beruhigungsmittel freizusetzen.

Schlaf im Auge

Nachts machen unsere Augenlider Pause. Aber manchmal bleiben sie einen winzigen Spalt offen. Dort sammeln sich Staub und Zellreste, die dann morgens beim ersten Blinzeln in den inneren Augenwinkel geschoben werden. Diesen Abfall aus der Nacht nennen wir "Schlaf".

„Wir müssen uns irgendwo festhalten!“, ruft Nea verzweifelt. „Da draußen können wir nicht überleben!“

Mio streckt sich so lang er kann und versucht eine Wimper zu fassen. Aber er rutscht ab und die Träne, in der sich die Freunde befinden, rollt an der Nase hinunter.

„Es war schön mit euch“, schluchzt Nea und schließt die Augen.

„War ja klar, dass es schiefgeht“, wimmert Fago.

„Aber es hat sich gelohnt!“, ruft Mio. „Die letzte halbe Stunde war die beste meines Lebens!“

Die kleine Träne, in der die Freunde schwimmen, kullert über den Nasenflügel Richtung Oberlippe. Plötzlich hören sie ein ohrenbetäubendes Schniefen, gefolgt von einem Ruck, dann umgibt sie völlige Dunkelheit.

„Sind wir tot?“, wispert Nea.

„Yippie!“, brüllt Mio, der als Einziger die Augen geöffnet hat. „Wir Glückspilze! Das war unser superschneller Fahrstuhl zurück in den Körper! Jojo hat uns mit dem Schnodder in die Nase gezogen!“

Nea öffnet ungläubig die Augen. „Wir leben noch? Und sind wieder im Körper?“

„Mensch, Freunde!“, ruft Mio außer Atem. „Ich wollte ja ein Abenteuer erleben, aber dieser Nervenkitzel ist selbst für mich fast ein bisschen zu viel!“

Erschöpft lehnen sich die Zellen aneinander. Auch um sich selbst etwas zu beruhigen, streichelt Nea Pili, das tief und fest schläft und von all dem Trubel gar nichts mitbekommen hat.

Nasenschleim und Freundesein

Allmählich haben sich die Freunde wieder an die Dunkelheit im Körper gewöhnt und sehen sich um. Mio bewegt sich bereits ins Innere der Nase vor. „Iiih, ich bin in einen Becher voll Schleim getreten! Oh, das sind ja auch Zellen."

Nea und Fago kommen vorsichtig näher und schauen sich die Schleimhaut an.

„Das sind Becherzellen, die machen den Nasenschleim", erklärt Nea.

„Hey, da hat mich was am Fuß gekitzelt", kichert Fago.

„Das könnten Flimmerzellen sein", vermutet Nea. „Die transportieren mit ihren Kitzelhärchen den Nasenschleim nach hinten, in Richtung Rachen."

„Hmm, und hier werden die Füße schön warm. Unter mir ist ein kleines, warmes Blutgefäß." Mio schließt genüsslich die Augen. Doch dann schüttelt er sich. „Obenrum ist mir aber ganz kalt vom Wind, der durch die Nase weht."

„Das macht die Nase wirklich gut", sagt Nea beeindruckt. „Die wärmt die Luft, macht sie sauber und feuchtet sie an, genauso wie es die Lunge mag."

Was ist der Rachen?

Der Rachen ist so etwas wie ein Durchgangsraum in deinem Hals. Er liegt hinter deiner Nase und deinem Mund. Über ihn wird Luft, Essen und Trinken transportiert. Damit deine Nahrung nicht aus Versehen in der Lunge landet, gibt es eine Klappe. Sie verschließt beim Schlucken die Luftröhre und heißt Kehldeckel. Manchmal schließt die Klappe nicht so richtig, dann verschluckst du dich. Und auch der Weg nach oben wird manchmal aus Versehen genommen: Wenn du beim Trinken lachst, kann dir Wasser aus der Nase spritzen.

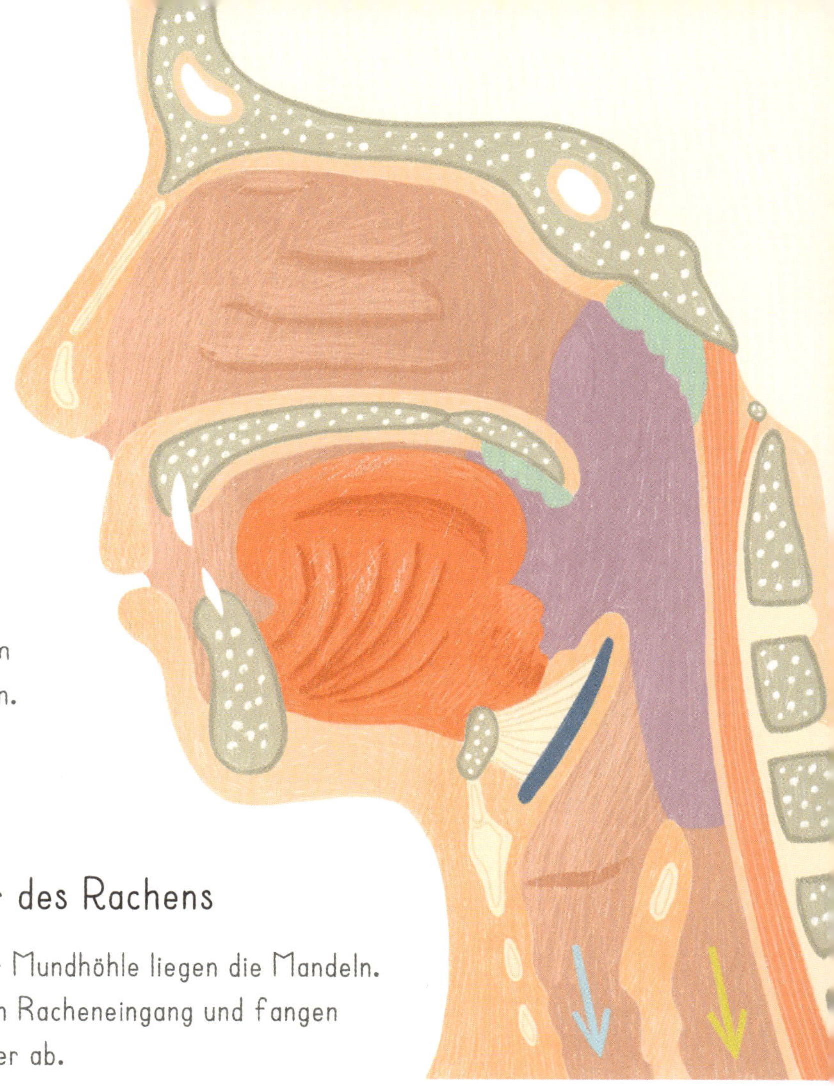

MANDELN
RACHEN
KEHLDECKEL
LUFTRÖHRE → LUNGE
SPEISERÖHRE → MAGEN

Die Wächter des Rachens

Direkt hinter der Mundhöhle liegen die Mandeln. Sie bewachen den Racheneingang und fangen Krankheitserreger ab.

Mio murmelt verlegen: „Und ich dachte immer, man kann mit der Nase riechen.“

„Klar kann man das!“, kichert Nea. „Im oberen hinteren Teil der Nase ist doch die Riechschleimhaut.“

Mio schaut betroffen zu Boden. „Lach mich ruhig aus. Ich komm mir eh schon blöd vor, weil ihr so viel wisst und ich nicht.“

Nea nimmt Mio in den Arm. „Oh Mio, du brauchst dich überhaupt nicht blöd fühlen. Wir sind doch ein Team! Ich habe schon lahme Arme vom Pili-Tragen und wäre gerne so stark wie du. Außerdem denke ich ständig über alles nach, anstatt wie du einfach mal die Sachen anzupacken.“

„Und ich wäre gerne so mutig wie du“, seufzt Fago. „Ich bin ein totaler Angsthase. Hoffentlich muss Jojo nicht niesen …“

Mio sieht die Freunde an und lächelt. „Eigentlich find ich’s ja ganz gut, dass ihr euch auskennt. Fago, du erkennst immer die Gefahren. Und Nea, du bist unser wandelndes Lexikon und außerdem bist du so lieb.“

Nea lächelt. „Jeder von uns kann etwas Besonderes. Sogar Pili.“

Fago runzelt die Stirn. „Und das wäre?“

„Süß aussehen und pupsen“, antwortet Mio grinsend.

Fago und Nea lachen und diesmal lacht auch Mio wieder mit.

Was riecht denn hier so?!

Wenn du Luft durch deine Nase einatmest, gelangen winzige Duftstoffe zu deiner Riechschleimhaut. Die liegt im hinteren oberen Teil der Nase und ist etwas kleiner als eine 1-Euro-Münze. Die Riechzellen leiten die Duft-Info dann über die Riechnerven weiter an dein Gehirn. Das hat etliche Gerüche abgespeichert und weiß, was du gerade riechst. Ein Geruch kann jedoch bei verschiedenen Menschen unterschiedliche Gefühle auslösen. Stell dir vor, du riechst den Chlorgeruch eines Schwimmbads. Du liebst Schwimmen über alles? Dann löst dieser Geruch bei dir Vorfreude aus. Du magst kein Wasser und willst nicht zum Schwimmkurs? Dann macht dir dieser Geruch eher Angst. Unser Geruchssinn ist außerdem ein prima Warnsystem: Er warnt uns zum Beispiel vor Feuer und verfaultem Essen.

Alles für die Lunge!

Die Nase steht sozusagen im Dienst der Lunge. Mit dem Einatmen bringt sie Sauerstoff in die Lunge, beim Ausatmen „pustet" sie giftiges Kohlenstoffdioxid aus dem Körper. Die Lunge mag die Luft warm und feucht. Auch da hilft die Nase mit: Sie wärmt die Luft an. Das tut sie über das warme Blut, das durch die Blutgefäße in der Schleimhaut strömt. Und über den Nasenschleim wird die Luft wunderbar befeuchtet. Außerdem hält der Schleim Staub und Keime auf, die einfach daran kleben bleiben. Größere Fremdkörper wie kleine Fliegen werden schon von den Nasenhaaren aufgehalten. Und bei kalter, trockener Winterluft hat die Nase noch mehr zu tun: Sie fährt die Durchblutung und Schleimproduktion hoch, damit die kalte trockene Luft auch bei eisigen Temperaturen für die Lunge vorgewärmt und befeuchtet wird.

Geruchs-Experiment

Lass dir die Augen verbinden und probiere es mal aus! Kannst du zum Beispiel Zahnpasta, Zimt oder Duschgel am Geruch erkennen? Und wie sieht es mit Gurke, Banane oder Schokolade aus? Probiert doch einmal aus, was für euch schwer und was leicht zu erkennen ist. Dabei dürft ihr nicht tasten. Lasst euch die Nahrungsmittel unter die Nase halten oder in kleine Schälchen füllen.

Hier stinkt nichts! – Oder?

Stell dir vor, du sitzt im Mathe-Unterricht. Die Fenster sind zu. Hier riecht's ganz normal. Jetzt musst du aufs Klo. Als du wieder reinkommst, schlägt dir verbrauchte, muffige Luft entgegen. Hier riecht nichts normal! Warum ist dir das bloß nicht vorher aufgefallen? Ganz einfach: Du gewöhnst dich mit der Zeit an einen bestimmten Geruch und nimmst ihn nicht mehr wahr. Erst wenn du ihn eine Weile nicht gerochen hast, bemerkst du ihn wieder.

Dendritus und seine Bande

Mio ist ein Stückchen in Richtung Rachen vorgegangen, als Nea sich stöhnend an Fago wendet: „Pili wird langsam echt schwer, kannst du es mal halten? Oh, guck mal, es ist aufgewacht!“

Sie reicht Pili vorsichtig an Fago, der es murrend entgegennimmt. „Na gut, zumindest pupst es gerade nicht.“

Nea bemerkt Pilis panischen Blick und sagt beruhigend: „Du musst keine Angst haben, Fago frisst dich nicht.“

Doch Fago starrt zu Mio hinüber und sieht nun ebenso entsetzt aus wie Pili. „Mio, komm schnell zurück!“, schreit er. Er zieht Nea mit sich hinter eine Falte und setzt Pili vorsichtig ab.

In diesem Moment schlittert Mio um die Ecke und schaut seinen Freund irritiert an. „Was ist denn los? Eine Schnodder-Welle ist nicht in Sicht, die wäre mir aufgefallen.“

„Nicht so laut!“, flüstert Fago panisch. „Da hinten ist Dendritus mit seiner Bande. Das ist die mieseste und größte Killerzelle im ganzen Körper. Es wird erzählt, dass er auch völlig gesunde Körperzellen frisst, einfach nur zum Spaß. Zusammen mit seinen zwei Helferzellen streift er durch den Körper und verbreitet Angst und Schrecken. Einmal hat er sogar –“

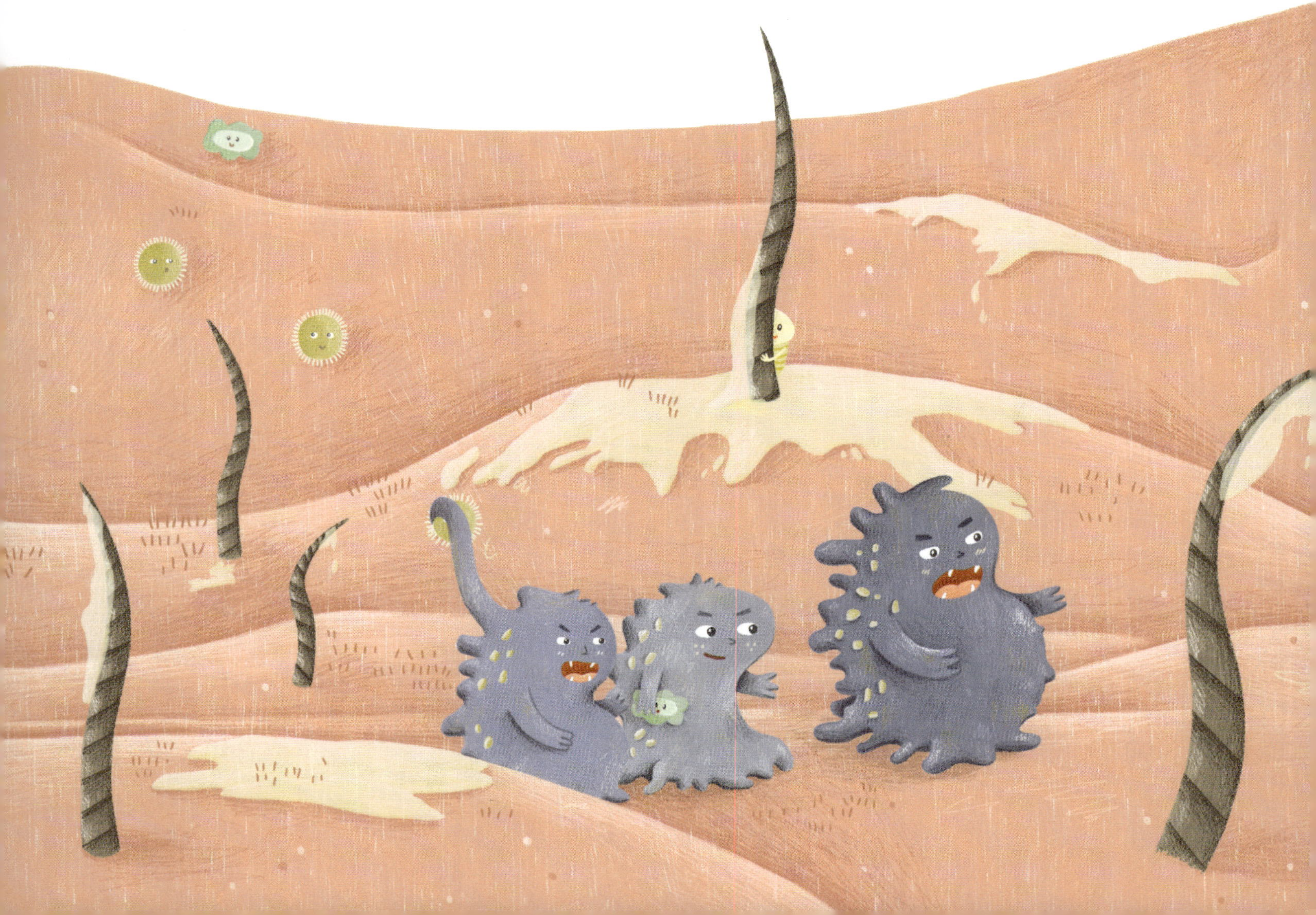

Mio fällt ihm ins Wort: „Ich fürchte, sie haben uns entdeckt.“

Fago ist wie gelähmt vor Angst, doch Nea überlegt hastig: „Zum Weglaufen ist es zu spät. Wir brauchen ganz schnell einen Plan –“

Dendritus' donnernde Stimme unterbricht sie. „Wen haben wir denn da? Ein kleines Bakterium und zwei fremde Zellen, die hier nicht hingehören. Vorspeise, Hauptspeise und Nachtisch.“

Die beiden Helferzellen stimmen in sein gemeines Lachen mit ein.

An Fago gewandt fährt Dentritus fort: „Was bist du denn für eine Niete, dass du dich mit denen abgibst?“

Fago nimmt allen Mut zusammen und antwortet mit zittriger Stimme: „D-die beiden sind meine Freunde! Und das Ba-bakterium wollte ich eigentlich gerade fressen.“

Dendritus lächelt böse. „Na, dann friss es doch! Los, das ist schließlich dein Job. Ist eh zu mickrig für mich.” Und mit einem Blick auf Nea und Mio fügt er hinzu: „Ich hab ja noch die beiden anderen zum Fressen. Nun mach schon! Und wenn du es *nicht* machst, dann fress ich dich noch hinterher!“

„Nein!“ Nea macht einen Schritt nach vorne. „Fago hat dir ja noch gar nicht erzählt, *warum* er das Bakterium nicht gefressen hat. Das überträgt nämlich die tödliche Krätzätze!“

Warum haben manche Menschen eine Allergie?

Blütenpollen, Katzenhaare, Erdnüsse, Nickel, Hausstaub oder Wespengift. Viele Menschen reagieren überempfindlich auf bestimmte Stoffe. Sie sind allergisch. Ihre Abwehrzellen halten eigentlich harmlose Stoffe für gefährlich und bekämpfen sie. Dadurch juckt die Haut, die Nase läuft oder die Augen tränen. Heuschnupfen ist z. B. eine Allergie auf Pollen und Gräser und etwa jedes zehnte Kind in Deutschland leidet darunter.
So ein Fehlalarm ist nicht ansteckend. Aber er kann im Extremfall gefährlich werden und zu Atemnot oder Ohnmacht führen. Daher sollten Allergiker die betreffenden Stoffe meiden, Medikamente einnehmen oder eine vorsichtige Gewöhnungstherapie bei einem Arzt machen. Hat in deiner Familie jemand eine Allergie?

Kann der Körper auch eigene Zellen angreifen?

Dendritus ist eine fiese Abwehrzelle, die harmlose Zellen fressen will. Manchmal gibt es tatsächlich solche Angriffe im Körper. Normalerweise weiß dein Körper ganz genau, was zu ihm gehört und was ein fremder Stoff ist. Aber manchmal macht das Abwehrsystem einen Fehler und bekämpft gesunde Zellen, die eigentlich zum Körper gehören. Diese Zellen werden dann zerstört und man wird krank. Das nennt man dann eine Autoimmunerkrankung. Jede oder jeder kann so eine Krankheit bekommen, daran ist keiner schuld. Warum der Körper die eigenen Zellen kaputt macht, weiß man noch nicht so genau. Zu diesen Autoimmunerkrankungen gehört z. B. der Diabetes mellitus Typ 1, auch Zuckerkrankheit genannt, der schon bei Kindern auftreten kann.

Dendritus zögert, dann lacht er laut auf. „Und das soll ich dir glauben? Das ist ein gewöhnliches Darmbakterium, keine Ahnung, was das hier zu suchen hat.“

„Guck es dir doch mal genau an“, ruft Fago nervös. „Das sieht ganz anders aus als normale Darmbakterien! Du kannst zwar ’ne Menge schlimmes Zeug verdrücken, aber gegen die Krätzätze bist auch du machtlos.“

„Das sieht aber gar nicht gefährlich aus“, murrt Dendritus, klingt dabei aber leicht verunsichert.

„J-ja! So-so soll das auch aussehen“, stottert Fago. „Das macht es extra! Es will, dass ihr denkt, dass es ganz harmlos ist und dicht rankommt.“

„Genau“, unterstützt ihn Mio hastig, „und dann, dann schlägt es zu! Und überträgt die Katzfetze ... äh ... Kratzkotze ... äh ...“

„Krätzätze“, flüstert Nea.

„Ja, genau, die Krätzätze!“

„Ich glaub euch kein Wort!“, poltert Dendritus. „Ich werde jetzt das Bakterium genüsslich verspeisen und mal schauen, auf was ich dann noch Hunger hab!“ Er funkelt die Freunde mit einem bösen Grinsen an und beugt sich über Pili.

Plötzlich ertönt ein gewaltiger Knall, gepaart mit einem lauten Schrei.

Nea ist zu Boden gesunken und schluchzt mit geschlossenen Augen: „Jetzt hat er Pili gefressen!“

Im selben Moment ruft Dendritus: „Hilfe, das Biest schlägt zu! Bäh, wie das stinkt! Weg hier Leute, bevor wir uns diese Ätzkrankheit holen!“

Dendritus und seine Bande stolpern durcheinander und verschwinden ins Innere der Nase.

„Das gibt’s doch nicht!“, prustet Mio los. „Da hat Pili ja genau im richtigen Moment seinen Riesenfurz rausgelassen!“

Fago lacht. „Die ganze aufgestaute Luft! Mann, dieser Monsterpups hat Pili ja richtig hochgeschleudert!“

Langsam begreift auch Nea und wischt sich die Tränen ab. „Was? Der große Knall war Pilis Pups? Und der Schrei kam von Dendritus? Pili lebt?“ Sie springt auf und drückt Pili an sich.

Auch Fago und Mio umarmen sich erleichtert. Das war knapp – mal wieder.

Achtung, fertig, Abwehr!

Auch wenn du es nicht merkst: Dein Körper ist ständig damit beschäftigt, ungebetene Gäste wie Viren und Bakterien abzuwehren. Manchmal sogar Pilze oder Würmer. Das macht er mit ganz unterschiedlich ausgebildeten Spezialeinheiten, die im ganzen Körper verteilt sind. Diese Körperabwehr nennt man das Immunsystem. Es schützt dich davor, krank zu werden.

Die Verteidiger fürs Grobe

Schon von Geburt an hast du so etwas wie Türsteher, die dafür sorgen, dass keine Feinde in deinen Körper eindringen. Und die sind überall. Zum Beispiel halten deine Haare in Nase und Lunge die Angreifer auf und wehren sie mit Niesen und Husten ab. Am Schleim von Nase, Lunge und Mund bleiben sie einfach kleben. Dein Speichel und deine Tränen enthalten Abwehrstoffe und spülen die Keime weg. Und wenn du Krankheitserreger verschluckst, tötet die ätzende Magensäure sie ab. Selbst deine Haut schützt dich mit dem sogenannten Säureschutzmantel.
Und gelingt es den Angreifern dennoch, diese Schutzmauern zu durchbrechen, sind überall im Körper deine Fresszellen zur Stelle und verschlingen den Eindringling.

Die Spezialeinheit fürs Feine

Manchmal schaffen es die Fresszellen nicht alleine. Dann muss ein Spezial-Team kommen: die Lymphozyten. Das sind weiße Blutkörperchen, die sich auf eine ganz besonders knifflige Abwehr spezialisiert haben. Zu ihnen gehören z. B. die Helferzellen, die auf Eindringlinge hinweisen und die Killerzellen, die diese dann angreifen. Dendritus ist so eine Killerzelle. Außerdem gibt es Plasmazellen, die Antikörper produzieren. Antikörper sind kleine Bausteine, die zu jedem Erreger genau passen. Ein Antikörper hält mehrere Erreger fest, sodass sich Klumpen bilden. Die verklumpten Erreger können keinen Schaden mehr anrichten. Deine Fresszellen können sie nun genüsslich verspeisen.

Was bedeutet "immun sein"?

Wie Fingerabdrücke bei der Polizei merken sich auch im Körper einige Abwehrzellen genau, wie die Angreifer aussahen. Diese Zellen nennt man Gedächtniszellen. Sollten die Angreifer noch einmal wiederkommen, werden sie sofort erkannt und können ganz schnell bekämpft werden. Dann bist du "immun", also geschützt gegen diese Keime. Beim Impfen läuft es genauso ab: Du bekommst einen abgeschwächten Krankheitserreger oder einen Teil davon verabreicht. Dein Körper merkt sich den Erreger und stellt Antikörper her. Wenn nun der echte Erreger kommt, kann dein Körper sich schnell wehren.

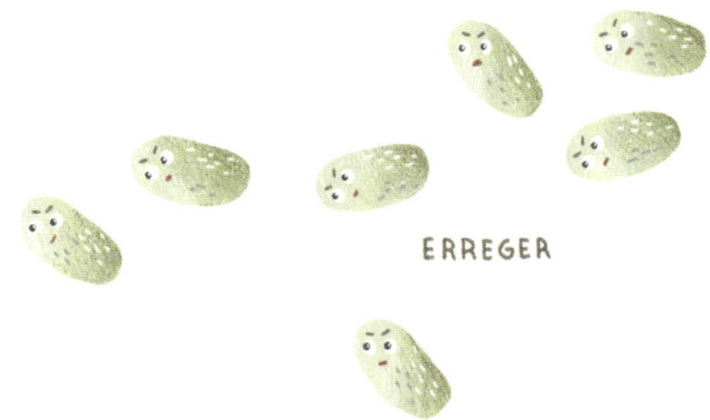

So hältst du dich fit

Ernähre dich gesund, trinke ausreichend Wasser, beweg dich viel und schlafe genug – dann freut sich dein Abwehrsystem. Und weißt du, was zusätzlich hilft? Dinge zu tun, die dir Spaß machen! Denn wenig Stress, viel Entspannung und gute Laune helfen dir, deinen Abwehr-Akku aufzuladen.

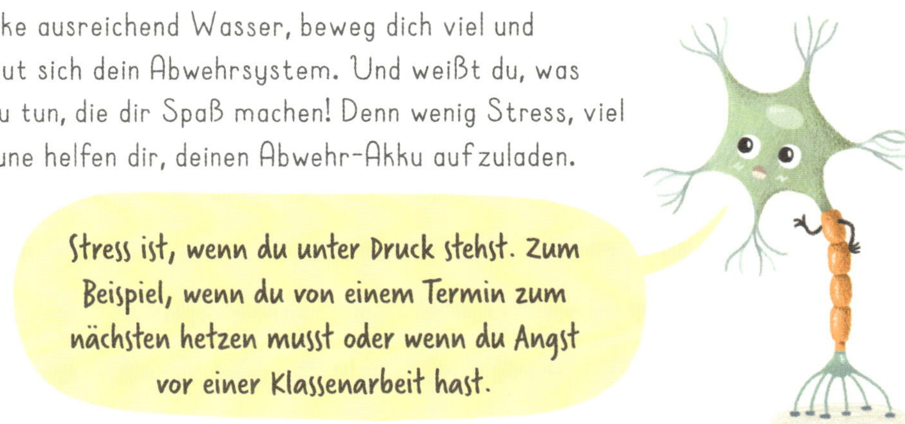

Warum bekommst du Fieber?

Sobald dein Gehirn merkt, dass zu viele Krankheitserreger in deinem Körper sind, fährt es deine Körpertemperatur hoch. Du bekommst Fieber. Bei höheren Temperaturen können deine Abwehrzellen nämlich besser arbeiten, aber die meisten Krankheitserreger schlechter. Bei Fieber solltest du viel trinken und dich ausruhen.

Matsch mit Heimweh

„Das war ein superguter Plan!“ Fago strahlt Nea an. „Wie bist du bloß auf die Krätzätze gekommen?“

„Viel erstaunlicher finde ich, dass Dendritus uns das geglaubt hat“, wundert sich Nea.

Mio hüpft vor Freude. „Heute ist unser Glückstag! Erst rettet uns der Nasenfahrstuhl und dann Pilis Monsterpups!“

„Man könnte auch sagen, heute ist unser Pechtag!“, bemerkt Fago grimmig. „Erst werden wir mit ’ner Träne nach draußen gespült und dann treffen wir auch noch die mieseste Zelle im ganzen Körper.“

„Da gefällt mir meine Version aber besser!“ Mio hüpft ein Stückchen die Schleimhaut entlang und ist vor Freude noch zappeliger als sonst.

Nea und Fago lehnen erschöpft an einer Schleimhautfalte. Pili hat sich eng an Fago gekuschelt und schläft.

Schlaf ist eine Superkraft

Pili schläft ganz schön viel. Aber auch du schläfst eine ganze Menge: Ungefähr 10 Stunden Schlaf pro Nacht braucht ein Schulkind. Der eine braucht mehr, die andere weniger, um sich fit zu fühlen. Ein Drittel deines Lebens wirst du verschlafen – und das ist gut so! Ohne Schlaf könntest du nicht leben. Du brauchst ihn, um neue Kraft zu tanken und um die Eindrücke des Tages zu verarbeiten. Dein Gedächtnis speichert im Schlaf wichtige Informationen und löscht unwichtige. Außerdem gibt dein Körper nachts Wachstumshormone ab und stärkt dein Abwehrsystem. Im Schlaf wächst du, wirst gesund und schlau – ziemlich cool, oder?

Träumen alle Menschen?

Es gibt zwei Schlafarten, die sich mehrmals in der Nacht abwechseln. Beim Tiefschlaf tankst du Energie. Beim Traumschlaf träumst du und verarbeitest den Tag. Alle Menschen träumen. Aber einige können sich morgens nicht mehr daran erinnern. Es gibt Wunschträume, in denen du etwas erlebst, was du dir wünscht, zum Beispiel zu fliegen. In Albträumen durchlebst du Ängste oder Sorgen, du musst zum Beispiel vor einem Monster fliehen. Und oft verarbeitest du in deinen Träumen einfach die Erlebnisse des Tages. Kannst du dich an einen besonders tollen Traum erinnern?

„Fago?“

„Hmm?“

„Die Reise mit dir und Mio war unglaublich aufregend. Und der Rachen dahinten sieht total spannend aus.“

„Hmm.“

„Aber ehrlich gesagt … reicht es mir erst mal mit den Abenteuern.“

Fago seufzt. „Geht mir genauso. Und außerdem vermisse ich meine Lieblingshöhle in der Ellenbeuge.“

„Aber wie überzeugen wir Mio?“, überlegt Nea. „Der will bestimmt noch weiter durch den Körper reisen.“

Mio kommt mit einem lauten „Jippieeeh!“ auf sie zugeschlittert. „Wenn man übt, kann man auf diesem Schleim richtig weit rutschen!“ Dann hält er inne und schaut verlegen zu Boden. „Leute, ich muss euch was sagen: Ihr wollt bestimmt weiter, aber … also … das ist mir jetzt etwas peinlich, aber … ich hätte gerne mal wieder meine Ruhe.“

Nea wechselt einen amüsierten Blick mit Fago und wendet sich an Mio. „Na gut, wir wollten zwar eigentlich gleich zu einer neuen Erkundungstour aufbrechen, aber wenn du unbedingt willst, können wir auch wieder zurück.“ Sie zwinkert Fago zu.

„Hey, ihr veräppelt mich doch!“, empört sich Mio und wirft Nea ein bisschen Nasenschleim an den Kopf.

„Iiieh, du zottelige Zappelzelle!“, kichert Nea und wirft eine Handvoll Schleim auf Mio.

„Nervige Nervenzelle!“, ruft Mio und feuert die nächste Schleimbombe ab, die Nea verfehlt und Fago auf der Brust trifft.

„Ey, du mickriger Matschmuskel!“, ruft Fago und schleudert lachend eine Ladung Schleim auf Mio, rutscht aber beim Werfen aus und trifft Nea, die empört „Du fieser Fressfutzi!“ ruft. Unter dem Geschrei wilder Schimpfwörter bewirft jeder jeden, bis Pili sich nicht mehr an dem glitschigen Fago festhalten kann und mit einem lauten Pups in die Schleimmatsche fällt.

Wohin mit dem Schnodder?

Das kennst du bestimmt: Du hast Schnupfen oder Heuschnupfen und deine Nase läuft. Sie versucht auf diese Weise die Krankheitserreger oder Pollen auszuspülen. Bloß wohin mit dem ganzen Rotz? Normalerweise schieben unsere kleinen Flimmerhärchen in der Nase den überflüssigen Schleim nach hinten zum Rachen, wo du ihn herunterschluckst. Und zwar jeden Tag, ohne es zu merken. Beim Hochziehen oder besser gesagt Nachhintenziehen passiert das Gleiche, nur lauter. Der Schleim wird heruntergeschluckt und die Krankheitserreger im Magen mit deiner Magensäure abgetötet oder zerstört. Beim Schnäuzen in ein Taschentuch geht's in die andere Richtung hinaus. Beides solltest du allerdings nicht mit zu viel Schwung machen. Das kann hohen Druck verursachen und die Keime in die Nasennebenhöhlen oder das Mittelohr verteilen.

Schmeckt alles gleich!

Kennst du das? Deine Nase ist verstopft und plötzlich schmeckt dir das Essen nicht mehr so richtig. Das kommt daher, dass unsere Zunge normalerweise Unterstützung beim Schmecken erhält. Unsere Nase riecht, was wir essen, und leitet diese Information ans Gehirn weiter. Dein Gehirn fügt Geruch und Geschmack zusammen und macht sich ein Bild davon, ob es das Essen kennt und ob du es magst. Probier es doch mal aus: Halte dir beim nächsten Mittagessen mal ein paar Bissen lang die Nase zu. Merkst du einen Unterschied?

Haaatschi!

Wenn deine Nase durch einen Fremdkörper gereizt wird, versucht sie ihn durch Niesen loszuwerden. Einen Nieser solltest du nicht unterdrücken. Durch den hohen Druck kann es sonst zu Schäden an deinen Ohren oder deinen Augen führen. Also, lass ihn raus! Aber bitte in deine Armbeuge oder in ein Taschentuch niesen, damit du möglichst wenig Viren in die Luft schleuderst, wodurch andere krank werden könnten.

Popelnde Trockennasenaffen

Bei den meisten Tieren ist der Nasenschleim immer gleich flüssig. Nur bei den Trockennasenaffen kann der Schleim eintrocknen und Popel bilden. Dazu gehören neben Gorillas, Orang-Utans und Schimpansen ... Tadaa: der Mensch. Wir popelnden Trockennasenaffen können an unseren Popeln übrigens ablesen, wie sauber unsere Umgebungsluft ist: Bei dunklen Popeln ist die Luft ganz schön dreckig, dann ist besonders viel Schmutz und Staub aus der Luft am Nasenschleim kleben geblieben, bei hellen sieht's dagegen besser aus mit der Luftqualität.

Erschöpft, aber zufrieden planen die Freunde den Rückweg in Jojos Arm. „Wir steigen ein in die *Vena angularis*“, überlegt Fago laut. „Dann kommen wir automatisch zur rechten Herzhälfte, dann wieder durch die Lunge und ab zur linken Herzhälfte. Weiter über die *Aorta* in die *Arteria subclavia sinistra*, dann über die *Arteria axillaris* in den linken Oberarm und ab da kenn ich mich aus!“

Mio schaut Nea fragend an. „Hast du irgendwas kapiert?“

Nea schüttelt den Kopf. „Nein – und ich bin auch zu erschöpft, um noch irgendetwas lernen zu wollen.“

Mio grinst. „Langsam wirst du mir richtig sympathisch.“

Zum Erstaunen aller verläuft die Rückreise halbwegs unproblematisch. Fago ist inzwischen richtig geschickt beim Steuern und Mio genießt die Rückreise in vollen Zügen. Sogar Nea wagt es jetzt manchmal, die Augen zu öffnen. Pili verschläft die komplette Reise und wacht erst auf, als die Freunde in der Höhle am Ellenbogen ankommen. Das Bakterium

klammert sich zur Abwechslung mal an Mio, der ihm die Zunge heraustreckt und Quatsch mit ihm macht. Fago sinkt erschöpft auf den Boden seiner Höhle. „War ganz schön anstrengend, unsere Reise. Ist das schön, wieder zu Hause zu sein!“ Betroffen sieht er Nea und Mio an: „Oh, für euch ist das ja gar nicht richtig *zu Hause*.“ Und enttäuscht fügt er hinzu: „Ihr wollt bestimmt wieder an euren Platz in den kleinen Finger zurück.“

„Also, ehrlich gesagt ...“, Nea schaut ihre Freunde an, „fühle ich mich hier mit euch viel mehr zu Hause, als ich es mich im kleinen Finger je gefühlt habe.“

Und Mio fügt entrüstet hinzu: „Keine zehn Zellen bringen mich wieder in diesen öden Fingermuskel zurück!“

„Heißt das etwa, ihr bleibt hier bei mir?“, fragt Fago hoffnungsvoll.

Nea grinst. „Wenn du uns in deiner Höhle aufnimmst, wäre das ein prima Stützpunkt für weitere Abenteuer.“

„Ich hab genug von Abenteuern!“, platzt Fago heraus. „Nie wieder unternehme ich so eine gefährliche Reise! Na ja ... außer vielleicht ins Ohr.“

„Zur zappeligen Zunge!“, ruft Mio und hüpft vor Vorfreude auf und ab.

„Ins Gehirn“, freut sich Nea und ergänzt mit einem Blick auf Pili: „Oder in den Darm.“

Die drei Freunde schauen sich verschwörerisch an und von Pili hört man einen kleinen zufriedenen Pups.

Milliarden Mal Einzigartigkeit

Jeder Körper ist anders. Es gibt unglaublich viele verschiedene Haarfarben, Hautfarben oder Körperformen. Milliarden Arten, sich zu bewegen und zu sprechen, zu fühlen, zu denken, zu lieben und zu träumen. Du bist einzigartig, du bist etwas Besonderes. Denn deinen Körper und deine Art zu denken und zu fühlen gibt es nur einmal auf der ganzen Welt. Jeder Körper mit seinen ganz besonderen Merkmalen und Fähigkeiten ist auf seine Weise anders und richtig. Und das ist gut so. Denn wären alle Menschen gleich, wäre unsere Welt weniger vielfältig, spannend und wunderbar.

Feiere deinen Körper!

Unsere Körper sind großartig in dem, was sie jeden Tag leisten. Jedes Körperteil gibt alles, um optimal zu funktionieren. Dein Körper sagt dir, wann er müde ist, wann er Hunger hat und wann er eine Pause vom Toben braucht. Vertrau auf deinen Körper. Er weiß meist ziemlich genau, was dir gerade guttut.

Es ist völlig okay, nicht alles an dir und deinem Körper toll zu finden. Aber feiere ruhig ab und zu mal die Dinge, die du ganz besonders an dir magst! Dein Körper begleitet dich dein Leben lang. Mach, was dir guttut! Und lass dir nie einreden, dass du nicht gut genug bist! Denn du bist einzigartig und mit niemandem vergleichbar. Du bist du. Und du bist gut. Genau so, wie du bist.

Kann man Kunst essen?

Was ist ein Museum? Und was ist Kunst? Darf eigentlich nur Kunst ins Museum? Mit Museumsmotte Heribert und seiner Nichte Jolinde wird ein Ausflug ins Museum zu einem spannenden Abenteuer, bei dem ganz nebenbei viele Fragen rund um die Themen Museum und Kunst leicht verständlich erklärt werden.

Mehr zum Buch

Kunstfresser – Aus dem Leben einer Museumsmotte
von Christine Ziegler
mit Illustrationen von Stephanie Marian
64 Seiten, geb., farbig, 23 x 33 cm, 24,00 €
ISBN 978-3-96594-109-0

Machen Tiere auch Musik?

Die kleine Note Finn fühlt sich in ihrem Lied nicht zu Hause und macht sich auf die Suche nach einer neuen Musik. Bei der spannenden Reise durch die verschiedenen Musikstile gibt es viel über Musik und Instrumente zu erfahren, z. B.: Was ist eine Note? Seit wann gibt es Musik? Und gibt es überall auf der Welt Musik?

Hör mal rein: mit vielen QR-Codes zu Musikbeispielen

Klangstreich – Eine Note tanzt aus der Reihe
von Inge Brendler, Illustrationen von Stephanie Marian
64 Seiten, geb., farbig, 23 x 33 cm, 24,00 €
ISBN 978-3-96594-178-6

Eine spannende Entdeckungsreise durch die Geschmäcker der Welt

Entdecke den Geschmack der Welt und lerne 13 Kinder aus verschiedenen Ländern kennen: Wie leben Niika in Japan oder Feven in Äthiopien und was essen sie am liebsten? Welche Lieblingsrezepte haben Heitor aus Brasilien oder Gurmeet aus Indien? Einfache landestypische Rezepte laden mit Zutatenliste und Step-by-Step-Fotos zum Nachkochen ein.

Mit vielen spannenden Infos über Essgewohnheiten, Kultur und Alltag aus 13 Ländern rund um den Globus – von Italien bis Marokko, von Mexiko bis China.

Die Welt schmecken und entdecken – eine kulinarische Weltreise für Kinder
120 Seiten, geb., farbig, 23 x 31 cm, 24,00 €
ISBN 978-3-96594-083-3, ab 6 Jahren

Mehr zum Buch

Jedes Land mit Rezepten, Rätsel und Mitmach-Tipp – zum Schmecken und Entdecken!

Südpol

Dieses Buch wurde auf FSC-zertifiziertem Papier gedruckt und leistet damit einen aktiven Beitrag zur nachhaltigen Bewirtschaftung der Wälder rund um den Globus.

ISBN 978-3-96594-226-4

3. Auflage November 2024

© 2023 Südpol Verlag GmbH, Grevenbroich
Alle Rechte vorbehalten.

Umschlaggestaltung und Illustrationen: Stephanie Marian

www.suedpol-verlag.de

Bibliographische Information der Deutschen Nationalbibliothek
Die Deutsche Nationalbibliothek verzeichnet diese Publikation in der Deutschen Nationalbibliographie; detaillierte bibliographische Daten sind im Internet über http://dnb.ddb.de abrufbar.

FSC www.fsc.org MIX Papier | Fördert gute Waldnutzung FSC® C014138

WOW! DAS SIND JA VIELE ZELLEN.
ABER NUR ZWEI SIND EXAKT GLEICH.
FINDEST DU SIE?